U0451921

职业技能等级证书制度：
理念与实践

张 晖 李志强 关 键 编著

电子工业出版社
Publishing House of Electronics Industry
北京·BEIJING

内 容 简 介

本书主要分析职教界"职教 20 条""职教 22 条"核心与枢纽型项目——职业技能等级证书制度。首先梳理中国职业教育发展历程、现实情境和未来图景，找到职业技能等级证书制度与当前职业教育改革之间的联系和区别、一致性和差异性；其次对职业技能等级证书制度的操作方法、流程、关键点、目标集等做出专业化阐述，并基于具体领域的实践给出职业技能等级证书制度的典型案例。希望本书能够指导相关机构方案落地，成为一项具有重大实践和理论价值的工作，对于推动未来职业技能等级证书制度从试点到全面推行具有积极作用。本书读者包括职业教育的管理者、一线教师、政策制定者。

未经许可，不得以任何方式复制或抄袭本书部分或全部内容。
版权所有，侵权必究。

图书在版编目（CIP）数据

职业技能等级证书制度：理念与实践/张晖等编著. —北京：电子工业出版社，2023.6
ISBN 978-7-121-45846-0

Ⅰ. ①职… Ⅱ. ①张… Ⅲ. ①职业技能－鉴定－劳动制度－研究－中国 Ⅳ. ①C975

中国国家版本馆 CIP 数据核字（2023）第 115564 号

责任编辑：曲　昕
印　　刷：天津千鹤文化传播有限公司
装　　订：天津千鹤文化传播有限公司
出版发行：电子工业出版社
　　　　　北京市海淀区万寿路 173 信箱　邮编：100036
开　　本：720×1 000　1/16　印张：9.5　字数：143.6 千字
版　　次：2023 年 6 月第 1 版
印　　次：2023 年 6 月第 1 次印刷
定　　价：89.00 元

凡所购买电子工业出版社图书有缺损问题，请向购买书店调换。若书店售缺，请与本社发行部联系，联系及邮购电话：（010）88254888，88258888。
质量投诉请发邮件至 zlts@phei.com.cn，盗版侵权举报请发邮件至 dbqq@phei.com.cn。
本书咨询联系方式：（010）88254468，quxin@phei.com.cn。

前言
PREFACE

为了更好地适应经济社会发展对高素质技术技能人才提出的新要求，中国的职业教育正在经历前所未有的变革。

2019 年初，国务院办公厅发布了《国家职业教育改革实施方案》，职教界将其称为"职教 20 条"。这一文件的发布，拉开了当前这一轮职业教育改革的序幕，在社会上引起了广泛而强烈的反响，引发了几乎所有与职业教育领域相关联的社会主体的大讨论。学生、家长、职业院校、用人单位，无一不对职业教育的未来提出了自己的期待。

2021 年 10 月，中共中央办公厅、国务院办公厅印发了《关于推动现代职业教育高质量发展的意见》，按照惯例，职教界又将它称为"职教 22 条"。在这样一份层次更高、更加重要的纲领性文件中，纵向贯通、横向融通、职教本科、供给结构优化、多元办学格局等一系列新的举措被提出。这将进一步推动中国职业教育走向"十四五"期间的高质量发展新格局。

"学历证书+若干职业技能等级证书"是在"职教 20 条"中正式提出的具有高度改革特色、综合效应、全局影响的建设任务。在"职教 20 条"中的具体指标中，关于"1+X"证书制度是这样说的："从 2019 年开始，在职业院校、应用型本科高校启动'学历证书+若干职业技能等级证书'制度试点（以下称'1+X'证书制度试点）工作。"看起来它只是"职教 20 条"中的一个任务，但它却是整个文件的核心与枢纽型项目。第一，"1+X"证书制度与资历框架和学分银行共同构成了"类型教育"改革的基石，具有鲜明的政策一体化设计的特色，聚焦于人力资源的开发、人力资本的增值，彰显了本轮职教改革服务"技能中国"建设的明确价值取向。第二,"1+X"证书制度对于职业教育的生源建设、教学建设和就业建设等全过程都提出了要求,是人才培养这一核心工作的牵一发而动全身的项目,是本轮职教改革在人才培养方面的主要着墨之处。第三,"1+X"证书制度的设计内容体现了产教融合、教育评价体系改革、职业教育认可度建设等方面的新构想、新设计,是力图让职业教育与产业需求更加紧密结合起来的制度性安排。第四,"1+X"证书制度的提出是基于长期的职业教育实践积累,是建立在国家项目、地方建设、院校实践、理论成果等基础之上的,是对职业教育改革举措的制度性总结与发展。

在"职教22条"中,"1+X"证书制度在前期试点的基础上,有了新的、进一步的提法:"深入实施职业技能等级证书制度,完善认证管理办法,加强事中事后监管。及时更新教学标准,将新技术、新工艺、新规范、典型生产案例及时纳入教学内容。把职业技能等级证书所体现的先进标准融入人才培养方案。"这表明,通过"1+X"证书制度试点所探索的职业技能等级证书制度得到了进一步的确认,并且对于它的发展提出了新的任务,那就是深入实施、完善管理、加强监管、融入教学。相信在"技能型社会"的建设过程中,职业技能等级证书制度必将进一步发挥它的重要作用。

基于上述原因,对职业技能等级证书制度在中国职业教育发展历程以及现实情境和未来图景中的起源、发展、内涵、外延等做出系统性的梳理和分析,找到职业技能等级证书制度与当前职业教育改革方方面面工作之间的联系、区别、一致性、差异性等,对职业技能等级证书制度的操作方法、流程、关键点、目标集等做出专业化的阐述,并基于具体领域的实践给出职业技能等级证书制度的典型案例,就成为一项具有重大实践和理论价值的工作,对于推动未来职业技能等级证书制度从试点到全面推行具有积极作用。

本书对职业技能等级证书制度做了全面的考察,从全景式的视角对它进行了分析。第一章从全球职业教育改革发展趋势的视角,分析了我国以职业技能等级证书制度为核心特征的改革举措的历史必然性、中国特殊性以及设计的合理性。第二章从理论与政策的视角，介绍了职业技能等级证书制度在社会思潮方面的根据，也就是"学习型社会""技能型社会"的思想，以及我国在此方面的总体政策。第三章从国家主导职业教育发展的宏观历史视角，介绍了在国家主导的院校重大发展项目、专项建设项目中，职业技能等级证书制度的思想源流和实践积累，表明这一改革举措在国家层面是持续推进、逐渐成熟的。第四章从院校自身实践的微观历史视角，总结了以"书证融通"为原型的职业技能等级证书制度在高职院校中的各种实践历程，表明这一改革举措是具有院校实践的历史性和合理性的。第五章从"职教20条""职教22条"等文本视角，分析了职业技能等级证书制度与其他改革项目之间的关系，表明这一举措的核心性、全局性影响。第六章从职业技能等级证书制度与资历框架体系建设的关系视角，介绍了相关制度体系之间的关系，特别是对于职业技能等级证书制度的落地举措做了分析。第七章介绍了若干院校的典型实践案例。第八章具体介绍了职业技能等级证书制度的实施方法、路径等，并对其现存问题和发展方向做了思考。第九章以农业类职业技能等级证书制度的实践为典型案例，介绍了实施过程中的具体情况。

张晖编写了本书第一章至第七章并统稿，关键编写了第八章，李志强编写了第九章。在本书编写过程中，参考了相关论著和研究成果，向其作者表示感谢！

由于作者学术水平有限，错误和疏漏在所难免，敬请读者批评指正。

"十四五"期间，中国职业教育改革将向着高质量领域深化改革，充分彰显其"在全面建设社会主义现代化国家新征程中，职业教育前途广阔、大有可为"的重要价值。期待着职业技能等级证书制度在此过程中发挥出应有的重大作用。

编著者

2023年6月

目 录

第一章 职业技能等级证书与全球职业教育改革趋势 ………… 1

 第一节 全球职业教育改革趋势 ……………………………… 3

 第二节 中国人力资本开发展望 ……………………………… 6

 第三节 职教改革的"证书"内核 …………………………… 9

第二章 职业技能等级证书制度的理论与政策基础 …………… 13

 第一节 学习型社会的理论依据 ……………………………… 15

  一、学习型社会的基本理论 ………………………………… 15

  二、学习型社会的概念辨析 ………………………………… 17

  三、学习型社会与职业技能等级证书 ……………………… 19

 第二节 学习型社会的政策导向 ……………………………… 20

  一、学习型社会的政策发展 ………………………………… 21

  二、学习型社会的政策展望 ………………………………… 23

 第三节 技能型社会的提出与建设 …………………………… 25

  一、技能型社会的提出与发展 ……………………………… 25

  二、技能型社会的建设展望 ………………………………… 27

第三章 职教改革进程中的职业技能等级证书 ………………… 29

 第一节 院校重大发展项目 …………………………………… 31

 第二节 院校专项建设项目 …………………………………… 37

  一、现代学徒制与鲁班工坊 ………………………………… 38

  二、鲁班工坊 ………………………………………………… 39

  三、新时代职业院校专项建设 ……………………………… 42

第四章 "职业证书"在职业教育发展中的实践 … 45

第一节 "双证融通"的社会背景 … 47
第二节 "双证融通"的实践探索 … 52
一、上海市"量身定制"分类双证融通 … 52
二、"课证共生共长"模式：深圳职业技术学院 … 56
三、"课赛证融通、工学结合"教学模式：
　　广东工商职业技术大学 … 57
四、"学训赛深度融合"模式：重庆城市管理职业学院 … 59
第三节 "双证融通"的效果反思 … 60

第五章 新时代职教改革中的职业技能等级证书 … 65

第一节 新时代职教改革的历史背景 … 67
第二节 新时代职教改革的重点项目 … 70
第三节 新时代职教改革的主要目标 … 73

第六章 职业技能等级证书与国家资历框架基础 … 77

第一节 学习型社会的内在要求 … 79
第二节 人力资本开发的必然选择 … 82
第三节 职业教育发展的核心方向 … 84

第七章 职业技能等级证书制度的内涵及院校探索 … 89

第一节 职业技能等级证书制度的实践原型 … 91
一、"课证共生共长"人才培养模式的基本内涵 … 91
二、"课证共生共长"教学成果的应用价值及意义 … 92
三、从"课证共生共长"到职业技能等级证书制度 … 94
四、若干职业技能等级证书制度实践路径 … 95
第二节 职业技能等级证书的战略定位 … 98
一、职业技能等级证书制度的精髓 … 98
二、职业技能等级证书制度的创新设计 … 100

三、职业技能等级证书的使命 …………………………………… 102

　第三节　职业技能等级证书制度的院校参与 …………………………… 103

第八章　职业技能等级证书制度的实施路径与经验 ……………………… 107

　第一节　职业技能等级证书实施的现有方法 …………………………… 109

　　　一、培训评价组织的申请与需开展的活动 …………………… 109

　　　二、试点院校的主要工作 ………………………………………… 112

　　　三、培训评价组织和试点院校的实际工作开展 ……………… 115

　　　四、职业技能等级证书实施的一般路径 ……………………… 117

　第二节　职业技能等级证书实施的突破方向 …………………………… 121

　　　一、与学分银行对接不充分 ……………………………………… 121

　　　二、证书过多对院校专业造成混淆 …………………………… 123

　　　三、证书效力尚有待验证 ………………………………………… 124

　　　四、两大职能系统的对接 ………………………………………… 125

　第三节　职业技能等级证书建设的深化举措 …………………………… 126

　　　一、与学分银行的对接 …………………………………………… 126

　　　二、与院校和专业的对接 ………………………………………… 127

　　　三、证书公信力提升 ……………………………………………… 128

　　　四、对接先进的产业标准 ………………………………………… 130

第九章　职业技能等级证书的典型领域与案例 …………………………… 133

　第一节　农业类资历框架的构成 ………………………………………… 135

　第二节　农业类课程及资历学分开发 …………………………………… 137

参考文献 …………………………………………………………………………… 141

第一章

职业技能等级证书与全球职业教育改革趋势

第一节　全球职业教育改革趋势

进入 21 世纪以来,随着全球一体化的不断推进和各类新技术的不断发展,技术的发展和数字化进程的不断深化使"第四次工业革命"已然成为了影响各国产业发展的核心要素。物理、数字、生物世界的跨界融合,人工智能、机器人等一系列新兴突破技术的不断涌现,使现有的生产模式、商业模式等都得到了重塑。为了适应新的产业发展需要,全球各职业教育强国均陆续开展了新一轮的职业教育改革。

美国职业教育改革以奥巴马政府时期和特朗普政府时期为典型代表。2010 年 10 月,奥巴马政府首次把全美社区学院峰会的召开地点放在白宫,全力为主要开展职业教育的社区学院系统摇旗呐喊,并毫不回避其社区学院的学习经历;2011 年,美国就业与竞争力委员会发布《美国经济复苏路线图》研究报告,把加强职业教育确立为重振美国经济的首要措施之一;2014 年 7 月,奥巴马政府发布《为工作做准备:就业导向的培训和美国机会》,报告正式揭开了美国"再工业化"模式的职业教育改革序幕。特朗普政府于 2017 年首次将每年的 7 月 17 日定为美国制造日,大力开展职业教育宣传活动,积极展现职业教育在增加公民就业机会和收入方面的积极作用,力图改变民众对职业教育的传统认知,提升职业教育在国民教育体系中的地位[1]。

2018 年 7 月 31 日,时任美国总统特朗普正式签署《加强 21 世纪生涯与技术教育法案》。这是自 1984 年《卡尔·D. 帕金斯职业教育法案》颁布实施以来的第四次重大修订,旨在提高生涯与技术教育项目的质量和相关性,把握发展机遇,积极应对挑战,全面更新与升级美国的职业教育系统[2]。彼时,美国社会经济发展和劳动力教育面临着劳动力市场存在技能鸿沟、生涯与技术教育发展重要性日益凸显、生涯与技术教育认可度较低的局面,其成因可归结为经济、教育、社会等方面综合因素。在这样的背景下，新法案应运而生。新法案通过关注特殊人群（包括无家可归者、寄养青年、已脱离寄养体系的老年人以及父母在军队服役的青少年等）、面向就业、绩效问责、简政放权等途径，执行时坚持和追求公平、对接需求、灵活自治、协调统一等价值观和基本原则，有效指引和规范了美国职业教育的未来走向，成为美国产业现代化转型升级和制造业回归的助燃剂。

德国方面，其"双元制"人才培养模式一直是我国职业教育学习的标杆模型之一。而在德国，与"双元制"同时发起的，还有于2001年开展的"职业教育+附加职业资格"改革项目，旨在提高职业教育的可扩展性，强化职业教育系统与劳动力市场需求之间的沟通，提供适时满足劳动力市场和学生个性化需求的职业教育。附加职业资格的体系通过附加职业资格培训与初次职业教育、附加职业资格培训与继续教育培训、附加职业资格与选修职业培训等方面的结合，并通过职业教育的模块化变革，逐步形成了特色鲜明的职业教育体系。2015年以来，德国以可持续发展职业教育模式为主要依托，通过能力、学习、绩效和行动四个维度，构造了职业教育的可持续发展的能力模型、可持续发展的促进措施，并重点关注社会系统的可持续发展和职业及工作中的可持续发展，形成了新形态下的德国职业教育，将其在"双元制"职业教育下所积累的优势进一步夯实[3]。

除德国外，欧盟其他成员国或地区也陆续开展了不同形式的职业教育改革。例如英国的苏格兰地区以德国模式为参考，构建了模块化职业教育体系，通过以就业为导向和证书职业能力的模块、专注于就业准备的模块、为进一步提升技能的升级课程模块、高级课程模块、职业核心技能模块、就业技能学习模块六大类共3000多个职业教育模块，覆盖了域内的几乎所有职业领域，为完成了全日制义务教育且有志继续接受职业教育的学习者提供了更为灵活的学习方式和个性化培训路线[4]。法国方面，马克龙总统于2017年10月宣布开启劳动力市场改革的第二阶段，对长期失业者和青年失业者两类群体提供针对性职业培训计划，通过五年累计投资金额达138亿欧元的总投入，在职业教育领域针对学徒制和继续职业教育进行改革。

国际上的职业教育改革浪潮同样席卷了中国。2019 年 1 月，国务院印发《国家职业教育改革实施方案》（简称"职教 20 条"），正式拉开了中国新一轮职业教育改革的序幕。针对我国职业教育体系建设不够完善、职业技能实训基地建设有待加强、制度标准不够健全、企业参与办学的动力不足、有利于技术技能人才成长的配套政策尚待完善、办学和人才培养质量水平参差不齐等问题，提出了完善国家职业教育制度体系、构建职业教育国家标准、促进产教融合校企"双元"育人、建设多元办学格局、完善技术技能人才保障政策、加强职业教育办学质量督导评价、做好改革组织实施工作七大方面共计 20 条重点提升措施，以期实现"职业教育基本完成由政府举办为主向政府统筹管理、社会多元办学的格局转变，由追求规模扩张向提高质量转变，由参照普通教育办学模式向企业社会参与、专业特色鲜明的类型教育转变，大幅提升新时代职业教育现代化水平，为促进经济社会发展和提高国家竞争力提供优质人力资源支撑"的战略目标。这 20 条改革措施作为新时期中国职业教育改革的核心方向，建立在我国新型工业化和产业结构转型的基础上，通过高等教育改革和职业培训优化两个方向的合力，实现对我国人力资本的再开发，以应对人力资源所面临的挑战。

在这 20 条改革措施中，"启动'1+X'证书制度试点工作"颇为引人注目。"1+X"全称"学历证书+若干职业技能等级证书"，是本次职业教育改革中的核心措施之一，也是"职教 20 条"中唯一一个以类似项目化形式确定下来的改革内容。其核心内容是"鼓励职业院校学生在获得学历证书的同时，积极取得多类职业技能等级证书"，从而实现"拓展就业创业本领，缓解结构性就业矛盾"的目标。

在"职教 20 条"发布两年之后，国务院办公厅再次发布了促进职业教育大发展的另一重磅政策。2021 年 10 月，中共中央办公厅、国务院办公厅印发了《关于推动现代职业教育高质量发展的意见》，职教界亦称之为"职教 22 条"。

"职教 22 条"不但强化了"职教 20 条"中的相关论述,更是将职业教育提升到了前所未有的高度。"职教 22 条"将核心举措部分分为"强化职业教育类型特色""完善产教融合办学体制""创新校企合作办学机制""深化教育教学改革"和"打造中国特色职业教育品牌"五个部分进行详细论述,并在开篇明确提出:"职业教育是国民教育体系和人力资源开发的重要组成部分,肩负着培养多样化人才、传承技术技能、促进就业创业的重要职责。"这不但明确了职业教育的职能,更是对职业教育自身性质的强化和明确。

"职教 22 条"第 15 条再次明确提到职业技能等级证书制度,主要是"深入实施职业技能等级证书制度,完善认证管理办法,加强事中事后监管"和"把职业技能等级证书所体现的先进标准融入人才培养方案"。这不但是对职业技能等级证书制度的固化和强调,更为职业技能等级证书制度的未来发展提供了方向性指导。职业技能等级证书制度不但是职业院校所开展的一项建设项目,更是一种促进职业教育大发展的重要措施,成为在新时期职业教育改革浪潮中一项具有高度延续性和承载重要使命的工作内容。

职业技能等级证书制度从表面上看,是一个类似项目化的改革内容,而从更深层次的意义上看,职业技能等级证书制度致力于解决中国人力资源所面临的困境,也是中国职业教育发展方向的根本性特征和表现。

第二节　中国人力资本开发展望

我国自改革开放以来,经济建设取得了长足发展,从过去的"一穷二白"逐渐成长为世界第二大经济体,这与我国长期的人口红利是分不开的。特别是 20 世纪 90 年代以后,我国改革开放不断深入,教育事业不断发展,我国劳动力人口受教育水平呈现出稳步增长的态势。根据教育部公布的《2020 年全国教育事业发展统计公报》中的数据显示,我国新增劳动力平均受教育年限从 2015 年每年保持着 0.1 年的稳步增长，其中受过高等教育比例更是在 2019 年首次突破 50%，并于 2020 年继续增长至 53.5%。2020 年，我国高等教育在学总规模达到 4183 万人，近 5 年增长 546 万人；高等教育毛入学率达到 54.4%，近 5 年提升 14.4%。这些数据都表明，我国高等教育已经从过去的"精英教育"，逐步完成了"大众化、普及化"的基本目标。这无疑是对我国人力资本的巨大贡献。

但也需要看到，虽然伴随着高等教育的不断普及，我国劳动力人口受教育水平持续提升，但由于我国劳动力人口众多，且相当数量的劳动力人口是在高等教育实现普及化之前进入社会生产环节的，因此我国劳动力人口的整体受教育水平，特别是接受高等教育的比例仍然有限。伴随着时间的推移，我国劳动力结构所表现出的问题也日益显现。根据中央财经大学发布的《中国人力资本报告（2018）》中的数据显示，我国劳动力人口的平均年龄从 1985 年的约 32 岁，已上升至 2016 年的约 37 岁。这意味着，越来越多的人口已不再适应作为社会一般劳动力参与社会生产，人口老龄化的趋势日益显现。

同时，劳动人口中大专及以上受教育程度人口占比，即我们通常所说的接受过高等教育的劳动力占比，提升情况也不容乐观。《中国人力资本报告（2018）》中的数据显示，全国劳动力人口中大专及以上受教育程度人口占比自 1985 年的约 2%，已提升至 2016 年的 17%左右。但这主要是城镇人口的教育水平提升所做的贡献。城市劳动力人口中大专及以上受教育程度人口占比同期内从 5%提升至 28%，而农村劳动力人口仅从不足 1%提升至约 3%。

虽然我国城镇化进程近年来不断加快，城镇人口数量也日益增长，但农村人口仍然是我国体量最大的劳动力结构组成部分。作为我国基础产业从业人员的重要组成部分，农村劳动力人口受教育程度提升不足将直接阻碍我国基础产业的发展。更为直观的问题是，我国存量劳动力，特别是中年以上劳动力接受继续教育的途径相对有限，其接受继续教育的意识、主动性和积极性也明显不足，这将导致这部分劳动力的教育水平停滞、从业时间却仍然持续，并最终出现"未学先老"的问题。虽然短期来讲并不影响这部分劳动力从事生产活动，但其职业发展将始终受到技能层次水平的限制，这对我国劳动力结构的优化是不利的。

与此同时，随着信息技术的不断发展，云计算、大数据、物联网、人工智能等技术不断突破，已经深刻地影响到了我国基础产业，未来的产业发展方向势必向信息化倾斜。而对信息技术的掌握，往往多集中于新生代劳动力。老一辈劳动人口对于新技术掌握存在知识盲区，对产业技能的新要求也往往处于被动提升的状态。加之其受到各类现实条件的局限和影响，对新技术、新技能的掌握存在着较大的困难和障碍。

想解决这一问题首先需要解决存量劳动力接受继续教育的形式、途径、积极性等方面存在的困难。这类群体往往是个体家庭中的主要收入来源，承担着巨大的家庭责任，同时由于其学习习惯相对不足，职业发展多依靠多年从业所积累的经验，鲜有通过继续教育提升理论和实践水平的意识。因此，解决此类群体的继续教育、提升其认知层次和技能水平，就需要在满足灵活学习的前提下进行学习形式和学习内容设计。同时，由于这类群体身处产业生产之中，对职业技能实践的感知深刻但对理论知识学习的兴趣不足，因此亦需要对其进行重技能实践的轻量化、模块化学习，以满足其实际的学习需要。在这样的背景之下，必须要设计一套既能满足灵活学习，同时也能满足技能学习轻量化的学习模式。

而除了存量劳动力，对于新增劳动力的技能提升也是我国人力资源开发的重要命题。随着我国产业升级转型和从制造大国向制造强国的转变，对于新增劳动力的技能要求也越发严格。新增劳动力不但要完成高等教育，更要对产业技能实现高水平掌握。而适龄人口在校教育时间相对有限，在有限的在校教育时间内如何完成更高效的技能训练成为新增劳动力无法回避的问题。因此，如何实现职业技能培训和一般教育的有效结合，一直以来都是职业教育界和人力资源开发领域探寻的问题。

在这样的背景之下，以"职教20条"为开启标志、以"职教22条"为深化举措的新一轮职教改革应运而生。特别是在"职教 22 条"中，主要目标分别对 2025 年和 2035 年的建设成果作出了具体展望。2025 年实现"技能型社会建设全面推进"、2035 年实现"技能型社会基本建成"，更是对由职业教育所引领的社会形态的发展和转型升级所作出的具体界定。在这样的愿景之下，职业教育如何通过改革实现对社会发展的引领，是职业教育必须要明确和解决的问题。而作为实现技能型社会建设的重要举措之一，职业技能等级证书制度的设计，既是对新增劳动力接受一般教育和职业技能培训的有效途径，也是对存量劳动力技能水平提升的合理解决方案，将同时对我国高等职业教育的发展和人力资源的开发产生深刻影响。

第三节　职教改革的"证书"内核

在自 2019 年所开启的新一轮职教改革中，"职教 20 条"和"职教 22 条"作为纲领性文件，对职教改革起到了核心指导和方向引领作用。其中的每一条都代表着未来一段时间内职业教育的核心发展方向。

在"职教 20 条"中，将职业教育改革的核心发展方向总结为完善国家职业教育制度体系、构建职业教育国家标准、促进产教融合校企"双元"育人、建设多元办学格局、完善技术技能人才保障政策、加强职业教育办学质量督导评价和做好改革组织实施工作七个核心领域。仔细研读并分析这 20 条内容不难发现，这 20 条核心举措有对于职业教育体系的构建（健全国家职业教育制度框架），有对于建设路径的指导（坚持知行合一、工学结合，推动校企全面加强深度合作，多措并举打造"双师型"教师队伍），也有对各界建设力量的整合（推动企业和社会力量举办高质量职业教育，做优职业教育培训评价组织）。而在这其中，职业技能等级证书制度是唯一以类似项目化形式进行描述的工作内容。职业技能等级证书制度不但是本次职业教育改革的重要措施和重大项目，更是反映了职业教育本质的一种行动方向。

在对职业技能等级证书制度的基本概念和相关行动内容进行仔细梳理后，我们可以发现，在"职教20条"中，虽然职业技能等级证书制度（"1+X"证书制度试点工作）仅明确出现在第六条的相关表述中，但实际上与职业技能等级证书制度产生高度关联的内容更为丰富。"构建职业教育国家标准"部分提出，要"实现学习成果的认定、积累和转换"，"建设多元办学格局"部分提出要"推动企业和社会力量举办高质量职业教育""做优职业教育培训评价组织"。这些都是与职业技能等级证书制度产生直接关系的建设内容和建设方向。

想要高质量完成职业技能等级证书制度的相关建设，就必然需要以提供学历教育的一般职业教育院校为基础，以提供职业技能培训的相关机构（包括职业院校和社会培训机构等）为延伸，以学习成果的广泛认可为媒介，建立完整的"在校学习—技能培训—成果认定"链条。在这个链条中，社会培训评价组织、职业院校、社会培训机构、国家学分银行等都是重要的组成主体，缺一不可。而这样一个链条的构建，实际上也将这一内容的执行范围从狭义的职业教育，拓展到了广义的职业教育——由正规院校和社会力量共同实施的、以多种学习途径为方式的、以产业实际需要为学习内容的、学习成效可直接应用于岗位从业且具备类似岗位迁移能力的技能教育形态。

从"1+X"证书制度试点工作本身形态来看，这似乎是一个集中于中等职业院校、高等职业院校、本科层次职业院校和应用型本科院校等常规职业教育主体范围内的改革项目。在这种视角下，该制度以学历证书为基础进行不同职业技能领域的拓展。而从制度的延伸作用来看，职业技能等级证书则显得更为重要。某一专业领域的学历教育，其形式、内容、路径等大体相似，并无特别充分的灵活性，而一旦在学历教育基础上引入"1+X"的概念，就使得受教育者在某一基础上产生了各种各样的组合形式，这也就意味着在某一专业领域的延伸方向各有不同，甚至实现跨领域、跨产业的迁移和适用。当学历证书与不同的职业技能等级证书相组合，不同的组合形式可以适应不同的岗位需要、适应不同的生产环境要求，也就为职业教育学习者提供了职业发展的多种可能。而这正是职业教育本质特征的重要表现。

在"职教22条"中，对于职业技能等级证书制度再次实现了巩固和强化，该文件明确提出，要"深入实施职业技能等级证书制度，完善认证管理办法，加强事中事后监管"。这不但意味着在"职教20条"中提出的"1+X"证书制度试点工作在本轮职业教育改革中要继续延续，更要实现更深层次的规范发展。

事实上，本轮职业教育改革，特别是其中的职业技能等级证书制度，不但是职业教育内部的建设项目，更是我国实现更深层次人力资源开发的重要举措。在"职教20条"发布后不久，国务院办公厅于2019年5月印发《职业技能提升行动方案（2019—2021年）》，对如何通过"大规模开展职业技能培训"而实现"加快建设知识型、技能型、创新型劳动者大军"的目标作出了详细指导；人力资源和社会保障部于2019年8月印发了《关于改革完善技能人才评价制度的意见》，其中以职业技能等级制度和职业技能等级证书为核心之一，对如何通过"加强职业技能培训，提高劳动者素质，促进劳动者就业创业，激励引导技能人才成长成才"的措施、实现"建立科学的技能人才评价制度"的目标作出了详细论述。这意味着，职业技能等级证书制度不但是职业教育发展过程中的重要建设项目，更是我国人力资源深度开发的核心举措之一。

在"职教22条"发布之后，2021年底，人力资源和社会保障部、教育部、国家发展改革委、财政部四部门联合印发的《"十四五"职业技能培训规划》，甚至对"十四五"时期取得职业技能等级证书的具体人次提出了期待和要求。《"十四五"职业技能培训规划》中提出，"十四五"时期要努力实现"新增取得职业资格证书或职业技能等级证书不少于4000万人次"，其中"新增高技能人才（取得高级工及以上职业资格证书或职业技能等级证书）不少于800万人次"的目标。

"职教 20 条"和"职教 22 条"拉开了新一轮职业教育改革的序幕，掀起了新一轮职业教育改革的浪潮，而在国家层面人力资源开发的大视角下，职业教育的大改革已不再是职业教育内部的事情，更是一件跨部门、跨领域的，对我国经济社会建设起核心促进作用的举措。职业技能等级证书制度作为本轮职业教育改革的重点领域和核心措施之一，更彰显其价值性和重要性。

联合国教科文组织 2011 年 11 月推出新修订的"国际教育标准分类（International Standard Classification of Education，简称 ISCED）"有对职业教育（Vocational Education）的最新定位：主要为学习者掌握在某一特定的、或某类职业或行业从业所需的知识、技艺和能力而设计的教育课程。这样的课程可能有基于工作的成分（即实习）。成功完成这类课程后，可获得由相关国家主管当局和（或）劳务市场以从业为目的而认可的与劳务市场相关的职业资格证书[5]。从这个定位中可以看出，职业教育的核心在于通过课程（或其他学习形式）的学习，最终取得职业从业所需的资格或技能证书，而非取得某一层次的学历证书。从这一意义上讲，职业技能等级证书才是真正触及了职业教育核心含义的内容，而学历证书则是为职业技能等级证书提供学习的基础和完善职业技能等级证书中难以触及的领域。在这样的视角下，由"职教 20 条"和"职教 22 条"所引领的新一轮职业教育改革似乎更彰显其引领性，而职业技能等级证书制度的设计，不但成为了缓解我国劳动力结构和水平矛盾的具体措施，更是对广义上的职业教育进行正本清源、回归初心的核心思路。

第二章

职业技能等级证书制度的理论与政策基础

第二章 职业技能等级证书制度的理论与政策基础

第一节 学习型社会的理论依据

一、学习型社会的基本理论

党的第十六次全国代表大会上，对全面建成小康社会的目标进行了细致阐述，其中就明确提到了"形成全民学习、终身学习的学习型社会"。这是我国首次正式在最高规格报告中明确提及学习型社会的概念。由此可见，学习型社会至少应具有两个根本特征，分别是全民学习和终身学习。随后，在党的十七大报告、党的十八大报告、党的十九大报告中，学习型社会相继得以重申。特别是在党的十七大报告中，除了全民学习和终身学习两个根本特征，还增加了"发展远程教育和继续教育"的表述。这不但意味着远程教育和继续教育同样是学习型社会的重要特征，更是对我国预期建设的学习型社会的形态和组成部分的定性。

学习型社会的概念并非我国所首创。早在 1968 年，美国教育家赫钦思（Hutchins R.M.）就曾对学习型社会进行过描述："所有成年男女，仅经常地为他们提供定时制的成人教育是不够的，还应以成长及人格的构建为目的，并以此目的制定制度，更以此制度来促进目的的实现，由此建立一个朝向价值的转换及成功的社会。"[6]这是早期教育家们对于学习型社会形态的基本描述。从这个描述中我们可以看到，在早期对于学习型社会的描述中，似乎只有现在社会对于学习型社会所认知形态的一个雏形，其中虽然强调"成长"，并且明确了学习者应是"所有成年男女"，形成了全民学习的初始形态，但如何成长、通过哪些途径成长、如何检验成长等，都未作出具体界定。为此，众多学者在长期研究过程中，都在不断完善着对学习型社会的认识。例如，陈廷柱为赫钦思所描述的学习型社会定义进一步界定了时间观、对象观、目的观、社会观四个要点，并且对每一个要点都进行了归纳：在时间观上强调终身性，每个人都应将学习贯穿终生；在对象观上强调全体，无论性别、年龄，都有接受教育的权利；在目的观上强调以培育人性为核心目标；在社会观上强调引领性，即教育应对社会实现超越和引领[6]。

除陈廷柱外，厉以贤也对早期的学习型社会理论做了进一步阐释，并将其概括出学习型社会的四大内涵："其一，学习型社会是一个需要了解其自身特点和变化规律的社会。学习型社会是一个不断变化的社会，为了适应社会的快速变化，人们就必须把学习放在生活的中心位置，知道怎样学习才能超越传统社会秩序所形成的追求稳定感的心理倾向。其二，学习型社会是一个需要改变其教育方式的社会。教育的焦点应放在'学'而不是'教'上，教师的作用从'说教者'变成'学生学习需要和学习进程的诊断者'。其三，学习型社会是一个全员参与学习的社会。学习型社会面向全体公民，是'做中学的社会'，'实际参与'才是有价值的学习。其四，学习型社会是一个学会民主地改变学习条件的社会。主要侧重从个人、学校、社区和政府等角度论述建立学习体制以及改革机构的措施。"[7]

尽管对于学习型社会的内涵解释不尽相同，但在对学习型社会的基本界定上，特别是我国学者对于学习型社会的界定，大多集中于四个视角。首先，从社会发展视角看，学习型社会应是一种"能够满足全民终身学习基本需求的、新型的、以教育为主轴和动力的社会形态"，其实质是构建一个通过个体社会成员和众多学习型组织的不断学习谋求国家社会长远发展的社会形态。其次，从社会构成的角度看，构成社会的基本组织，包括家庭、企业、社区、学校等，都应具有"学习型"的属性，即"由学习型'细胞'构成的社会"。再次，学习型社会也可以通过系统论来进行界定，即学习型社会是一种新型的发展观，是新型的生产方式、生活方式、结构模式，是一种新型的社会发展战略。这一角度从学习型社会本身出发，侧重强调学习型社会理论本身而非学习型社会的表现。最后，把学习型社会作为知识社会的一个向度，即知识社会的一种重要表现就是学习型社会，是一种"保持并依靠知识、智力、学习和文化等方面多样性的社会"[8]。

从这些研究成果中不难看出，虽然对于学习型社会的定义不甚相同，但大多呈现出类似的特点，即强调社会全员、全发展阶段的不断学习，并且个体自发学习、社会积极氛围、政府政策引导等都在学习型社会中扮演着积极角色，多个维度共同构成学习型社会的基本组成成分。

二、学习型社会的概念辨析

当从社会构成角度界定学习型社会时，要求构成社会的基本组织都具有"学习型"，那么这里就随之而产生了"学习型组织"这样一个与学习型社会具有内在联系但又有所区别的概念。与学习型组织类似，当我们从个体行为和社会引导两个角度再来审视学习型社会时，由于出发视角的不同，在认知学习型社会时所天然具有的身份也就有所区别。以个体行为视角看，学习型社会强调个体学习的持续性；以社会引导视角看，学习型社会强调教育行为的持续性。因而，也就自然而然地把"终身学习"和"终身教育"两个新的概念关联起来。

学习型组织、终身学习、终身教育三个概念严格来说虽然并非完全由学习型社会所衍生发展而来。实际上，这几个不同概念的出现并不存在明确的因果联系，也就是说，并非由于某一个概念的出现而进一步衍生出了其他概念。但是，学习型社会、终身学习和终身教育三个概念紧密交织、互相联系，甚至其核心内涵的表述都具有极强的相似性。

首先来看学习型社会和学习型组织。这两个概念的名称形态比较类似，甚至学习型组织经常被视为学习型社会的具象化表现，即学习型社会在社会微观组织中表现为学习型组织。但二者同时具有比较明显的区别。首先，二者产生的历史背景不同。赫钦思所提出的学习型社会概念，其目的是对于20世纪60年代以来盛行的物质主义与功利主义价值观的反驳，他认为社会价值观并不应局限于物质层面，更应着眼于更加有利于社会长期稳定发展的精神追求，而这种精神追求具体表现为学习型社会。而学习型组织则是由圣吉（Senge P.M.）于1990年提出的，理论创立的最初目的是完善管理学中组织管理领域的核心概念，是为了顺应知识经济社会到来在管理学领域所作出的调整和创新。其次，二者具有不同的面向对象。学习型社会面向社会大众，即全社会的"所有成年男女"，是对于社会状态的描述。而学习型组织则被最广泛应用在管理学领域，特别是企业管理领域，其对象往往多指"企业人"，目的在于构建适应知识经济社会的全新企业形态，使企业能够更加适应社会形态的发展而不断获得持续生命力。因而，虽然学习型组织和学习型社会具有一定联系，但并不会从根本上冲击和影响对于学习型社会的理解。

再来看学习型社会与终身学习、终身教育。这三者之间的联系要比学习型社会与学习型组织的联系密切得多，在概念辨识上也困难得多。从相似性上来看，三者都主张在教与学的过程中保持延续性和终身性、在内容上保持广泛性和全面性、在空间上保持开放性和社会性、在目的上要实现促进个人与社会发展的共通性。

但从细微处着眼，三者也存在着差异之处。高志敏曾对其进行过系统性总结："其一，目标指向不同。终身教育的目标倾向于实现对'闭锁僵硬、一次终结'教育制度的超越，希望建立持续而全面、有机而开放的教育体系；终身学习的目标则倾向于对传统教育范畴的超越，学习不再是一个仅仅属于教育范畴的问题，而且还是一个属于生存范畴的问题；学习型社会的目标是为了实现一种社会形态的超越，变少数人拥有学习权利、部分人参与学习活动为人人享有学习权利、人人介入学习活动。其二，战略选择不同。终身教育把建立向所有公民开放的终身教育体系作为首选战略，从社会角度出发，强调国家的教育制度应当整合各种资源，以便为每位公民创造终身参与各种教育活动的可能性；终身学习则更多地从个人（或社会各种基本组织）的角度出发，强调其具备终身学习的态度与能力的重要性，即提升学习者的学习自觉性和学习能力是终身学习的首选战略；而学习型社会的战略构想是前两者的集结。其三，实践重点不同。终身教育关注改革传统的教育制度，包括对其资源、体系、结构、布局、沟通、形式、目标、内容、方法等的革新；终身学习则更多地将精力放在了确立学习者的主体性、尊重其学习意愿、关注其学习需要、增强其学习信心、提高其学习能力等方面；学习型社会在关注以上两方面的同时，还尤其关注学习者权利落实、促进各方共同参与等问题。"

从这些论述中不难看出，学习型社会、终身学习、终身教育、学习型组织，若干不同的概念都试图从持续性学习角度阐述学习对于个体持续发展和社会持续进步的重要性，这也是社会生产力得到充分释放、社会经济发展不断焕发活力的重要因素之一。

三、学习型社会与职业技能等级证书

那么学习型社会和职业技能等级证书的关系又是怎样的呢？从学习型社会的有关表述中我们可以看到，学习型社会、终身学习、终身教育等理念，往往偏向宏观，更多从社会整体层面论述，即便是出发角度更偏向个人的终身学习理念，也强调社会全体个体的持续性学习。但问题是，通过什么样的途径和渠道来实现持续性学习呢？学习内容又是什么呢？学习结果应如何进行检验又如何得到外部认可呢？这些都是学习型社会、终身学习、终身教育等理念落地不可避免的问题。

科研力量对于社会发展而言，能够实现的更多的是高端引领作用，是对于科学理论、技术发展的前沿探讨，而体量巨大、应用广泛的技术技能则是真正促成科学转化为技术并实现落地应用的力量，这须依靠掌握技术技能的一般产业从业者。因而，学习型社会在产业从业者身上的体现与否将对学习型社会的建设成果产生直接影响。而作为产业从业者，其核心竞争力就是所掌握的技术技能，因此，对于所掌握技术技能的持续学习和不断提升，对技术技能提升水平的认可，成为学习型社会建设在产业从业者群体中的重要体现。

职业技能等级证书的设置，通过对不同场景下应用技能的进一步明确，并通过对技能水平的分级设置，能够为产业从业者的持续性学习提供渠道和内容。对于产业从业者而言，当其本领域技能掌握已达一定水平，从业者亦可以根据实际需要，选择自己熟悉的，或同已掌握技能具有一定联系的全新应用技能进行专项学习，从而丰富自己的技能范围，实现对本领域和相关领域的持续性学习、持续性提高。

而当职业技能等级证书与学历证书进行组合时，不但可以实现产业实际从业者技能学习和技能提升的整体前移，将职业院校学生这一潜在从业群体纳入到技能学习的范围中来，也能够实现对于正规性学习、灵活性学习的教育体系覆盖，更能够通过学历学习内容和职业技能学习内容的打通和互认实现双向转换进而同时提升从业者的技能实际掌握水平和资质资格的官方认定，这也就从水平层次认可、特定技能学习、学习行为持续等多个方面促进产业潜在从业者和实际从业者的学习积极性，实现其持续性学习。

第二节　学习型社会的政策导向

学习型社会的建设在我国并非一蹴而就，也绝不可能通过大跃进似的短期突击来实现，这是由学习型社会自身属性决定的。学习型社会需要政策引导和个人意愿的共同参与，而个体意愿的广泛建立直至社会全体（至少也需大部分）具有终身学习意识，必然是一个漫长的过程。在这一过程中，除了个体自发形成学习意愿，也需政府及社会进行适当的引导，特别是政府政策引导，将对学习型社会的建立产生重要影响。而在学习型社会建设的两个重要方面中,终身教育建设则是施政端能够更直接发力的方向。因而,我国对于学习型社会建设的政策引导,更多通过对于终身教育体系的建设而加以实施。

一、学习型社会的政策发展

终身教育思想最早是由法国成人教育学家保罗·郎格朗（Paul Legrand）于1965年提出,并于20世纪70年传入我国的。随着1980年终身教育理念在我国政府政策文件中的首次提及,终身教育理念在我国的传播正式进入政策层面,并逐步形成了影响顶层战略设计的教育领域核心方向之一。

终身教育理念在我国的传播和落地并最终形成政策充分支持的体系在我国经历了约40年时间,大体可以分为四个阶段:探索阶段、确立阶段、深化阶段和完善阶段。每一阶段都以明确的政策法规确立为标志。

1. 探索阶段（1980—1992年）

这一阶段以《关于进一步加强中小学教师培训工作的意见》的发布为标志。1980年8月,教育部发布《关于进一步加强中小学教师培训工作的意见》,其中明确指出"教师进修院校承担着中小学在职教师的终身教育的责任"。这是我国政府政策文件中首次提及终身教育。这标志着终身教育理念开始受到国家重视,并通过政策的形式进行影响和落实。

在这一阶段中,终身教育理念得到引入并作为专有名词出现在教育部文件中,标志着我国对于终身教育政策支持正式进入探索阶段。虽然在这一阶段,终身教育出现的频率并不高,并且也更多是与其他工作的结合、预期在特定人群中发挥作用,其概念范围、发挥作用、影响范围都相对有限且不甚明确,但这些局限性并不影响其作为我国开始探索终身教育体系的一个明确的信号,具有里程碑式的意义。

2. 确立阶段（1993—2001 年）

1993 年，国务院印发《中国教育改革和发展纲要》（简称《纲要》），我国终身教育体系建设正式进入确立阶段。《纲要》中明确指出，"成人教育是传统学校教育向终身教育发展的一种新型教育制度。"这是国家层面的重要文件中首次出现终身教育，表示终身教育已经从局部性特定工作开始升级为一般学校教育的发展方向，并且终身教育在政策文件中的内涵已开始丰富并基本具有完全形态。紧接着，于 1995 年颁布的《中华人民共和国教育法》（简称《教育法》）中也明确提出终身教育理念，为终身教育提供了法理基础，表明其法律地位得到确立。虽然《教育法》经过了两次修正，但时至今日，终身教育仍牢牢保持在《教育法》中。《教育法》第十一条规定："国家适应社会主义市场经济发展和社会进步的需要，推进教育改革，推动各级各类教育协调发展、衔接融通，完善现代国民教育体系，健全终身教育体系，提高教育现代化水平。"第四十二条规定："国家鼓励学校及其他教育机构、社会组织采取措施，为公民接受终身教育创造条件。"这意味着，终身教育不再仅仅是学校和教育机构的事情，更是成为了国家教育体系的整体方向，各级各类教育都将向终身教育进行整合。

除了《纲要》和《教育法》，这一时期我国还有多项政策文件在强化着终身教育的地位，例如 1999 年颁布的《面向 21 世纪教育振兴行动计划》《关于深化教育改革，全面推进素质教育的决定》《师范院校结构调整的几点意见》等。终身教育政策化倾向不断显现和清晰。法律地位得以确定、政策化趋势不断显现、概念内涵不断清晰完整，成为了终身教育理念在这一时期的主要特征。

3. 深化阶段（2002—2012 年）

2002 年以后，我国终身教育政策发展进入深化阶段。这一阶段的开启以党的十六大报告为标志。党的十六大报告明确指出，"形成全民学习、终身学习的学习型社会，促进人的全面发展""加强职业教育和培训，发展继续教育，构建终身教育体系"。建设学习型社会被定位为全面建成小康社会的目标内容之一。这是党和国家最高级别报告中首次出现"学习型社会"概念，并且强调了学习型社会的全民学习和终身学习的特征。十六大报告中对于终身教育的提法已经不再局限于施政端本身，而开始结合代表个体主动性的终身学习、代表政策影响范围的全民学习等因素，上升到了社会属性的高度。这也意味着，对于终身教育的重视也不在局限于教育领域内部，而开始上升为社会领域甚至提高到党和国家的建设日程上来。

4. 完善阶段（2012年至今）

2012年，党的十八大报告中明确提出"完善终身教育体系，建设学习型社会"，对应动词使用从最初的"构建"到"建设"再到"基本形成"，直到党的十八大报告中的"完善"，表明我国学习型社会的建设已进入攻坚区、深水区，已经完成了从无到有的建设，开始转向由弱到强的建设，这也代表着我国的学习型社会建设进入到更进一步的完善阶段。在这一阶段，更多的法律法规、政策文件等在不断丰富着学习型社会的内涵和具体措施。例如，2013年提出"试行学分转换、拓宽终身学习通道"，2015年提出"建立个人学习和学分累计制度"等。除了中央层面上的政策支持，各地区也在对终身学习型社会进行相关的探索。上海市对于学分银行体系的探索、广东省对于资历框架体系的探索等，都是对学习型社会这一宏观命题的具体实践。太原市于2012年成为首个颁布终身教育地方条例的省会城市，宁波市也对本区域终身教育实践进行规范。地方层面对终身教育相关内容的教育条例不断增加，对我国学习型社会的丰富与完善起到了至关重要的作用。

二、学习型社会的政策展望

从终身教育政策法规的演变过程和基本逻辑来看，学习型社会的建设不是一蹴而就的，更不是急功近利的。从最初的对学习型社会的"构建"，到后期的

"完善"，学习型社会的建设需要经历一个探索、确立、深化和完善的完整过程。特别是在完善阶段，需要以更加具体的法律法规进行确认，并通过具体的、可执行的各类措施规范学习型社会相关行为。就学习型社会相关政策的未来发展而言，这也将是学习型社会建设不断深化的必然方向。

首先，在立法方面，我国学习型社会和终身教育体系也应紧跟时代，积极出台国家层面的终身教育法。法律层面上宏观方向的确定是促进学习型社会建立、发展和完善的根本性措施，也是学习型社会建设的必然阶段和基础条件。同时，这种法律层面的确立，也不应局限在地方区域层面。我国存在着幅员辽阔、地区间发展差异较大的客观现状，如对学习型社会的立法停留在地区间各自为政的层面，势必难以形成全社会范围内对学习型社会的共同认知，变成地方性的个性化举动，这对学习型社会的整体建设是不利的。因此需要出台国家层面的统一部署和法律法规。但同时也需要看到的是，正是由于我国幅员辽阔、地区间发展差异较大，对于学习型社会的建设更不可"一刀切"，不能要求各地统一步调，而应由各地区在共同法律框架的基础上进行个性化深化，制定符合本区域或本领域实际情况的具体推进措施，从而实现学习型社会自上而下的法律法规及政策引导，以及自下而上的终身学习的行为实践和氛围营造。

其次，在实践方面，目前我国已经制定了一定程度的学习型社会建设的具体措施，这种具体措施的深化和发展或将成为下一阶段我国学习型社会建设的重点。从目前来看，国家在职业教育领域进行试点推行的资历框架体系、职业教育与社会培训相融合的职业技能等级证书制度试点等，都是在全社会范围内建设学习型社会的有益尝试。但也需要看到的是，目前的资历框架体系、职业技能等级证书制度试点等，仍停留在职业教育这一特定领域内，虽然在实施过程中在不断强调校企合作，试图将社会力量尽可能多地融入尝试之中，但这仍是职业教育界所主导的活动，尚未形成社会主体的广泛共识。因而在未来的学习型社会建设实践中，如何重点提升更多社会主体参与的广泛性或许将成为一个重要的命题。

第三节 技能型社会的提出与建设

学习型社会建设是我国一项重要的战略决策，是我国社会发展的重要方向。但在这样宏大的命题之下，到底通过何种途径来实现、在社会各个领域的表现是怎样的，这些都是有待我们进一步进行探索和建设的内容。

学习型社会从表现形式上来说强调全民学习、终身学习，从实现路径上来说强调社会各界的广泛参与、自发参与，其在人力资源开发领域的具体表现是技能人员（产业从业者）通过对自身知识、技能、素质的强化，不断实现更高的人力资本价值，并将这种提升和学习持续落实在整个从业周期之内。而在这些表现中，直接表现技能人员属性的就是其所掌握的具体的产业技能的不断强化。因而，学习型社会在技能人员中的核心表现，是对其技能提升的持续进行，营造出技能持续学习和提升的产业氛围。

一、技能型社会的提出与发展

"技能型社会"和"技能中国"是描绘全面建设社会主义现代化国家新征程和加快产业转型升级背景下我国社会转型的重要概念之一，具有重大的理论和实践意义。2021年4月，全国职业教育大会在北京胜利召开。大会上第一次创造性地提出了"技能型社会"的概念，得到了社会各界的广泛关注。关于它的提法包括："努力建设技能型社会，强化职业教育类型定位，加快构建中国特色现代职业教育体系。"

到底何为技能型社会？在2021年全国职业教育大会之后，《光明日报》随即刊发了《办好新时代职业教育 服务技能型社会建设》。其中明确指出，技能型社会就是"国家重视技能、社会崇尚技能、人人学习技能、人人拥有技能"的社会形态。而在技能型社会的建设过程中，职业教育界要"加快构建面向全体人民、贯穿全生命周期、服务全产业链的职业教育体系"。面向全体人民、贯穿全生命周期、服务全产业链成为职业教育界服务技能型社会建设的典型特征和根本目标。而这正是学习型社会在职业教育领域的具体表现形态。因此，技能型社会并非完全全新的概念和战略，而是在学习型社会建设的大背景下，职业教育界、人力资源开发界的具体表现形式。

技能型社会建设是我国社会转型的战略之一，"从学历社会转向技能社会是经济社会发展到特定阶段的战略转型"[9]。随着我国高等教育的不断发展，接受过高等教育的人员比例不断上升，我国已初步实现了人力资源的"学历教育"目标。然而，同时也需要清醒地意识到，我国技术技能人才的数量和水平仍有待持续加强。目前，我国技术技能人才供给主要依靠庞大的职业教育体系，包括中职学校、技师学校、高职院校和应用型本科院校。其中，高职院校和应用型本科院校属高等教育序列，承担着培养高水平、高层次技术技能人才的使命。而从过往发展来看，高职院校受制于办学历史、办学经验、办学条件、生源水平等各方面限制，发展空间仍然很大，而对于应用型本科院校而言，多从地方性本科院校转型而来，其所沿用的传统本科的人才培养模式仍然呈现出技术实践、工程实践不足的现象。因此，就我国职业教育整体环境而言，高层次、高水平的技术技能人才的供给仍略显不足。在这样的人才供给之下，如何加强职业教育学习者的技术技能水平就成为了整个职业教育界必须面对的问题，这也正是新一轮职业教育改革的直接诱因和开展基础，同时也催生和加速了"技能型社会"的提出和发展。

2019年初，国务院办公厅印发《国家职业教育改革实施方案》，2019年5月，印发《职业技能提升行动方案（2019—2021年）》；2021年4月，全国职业教育大会创新性提出"技能型社会"的概念；2021年7月，人社部印发《"技能中国行动"实施方案》，计划在"十四五"时期实现"新增技能人才4000万人以上，技能人才占就业人员比例达到30%"的战略目标。政策的发展是一脉相承的，技能型社会的建设也是持续进行的。随着我国人口红利逐渐落潮，如何对人力资本存量进行深度开发是我国在"百年未有之大变局"中必须时刻面对的问题。技能型社会的提出，为我国人力资本开发提出了核心战略方向，也为我国庞大的职业教育体系提供了明确的建设目标。

技能型社会的建设与发展正当其时，未来到底以哪些具体手段、通过哪些途径、依托哪些主体来进行具体实践，仍有待社会各界，特别是职业教育界的积极探索。但可以肯定的是，技能型社会将成为我国学习型社会建设的重要表现，也将是职业教育界在未来相当长的时期内建设的核心命题。

二、技能型社会的建设展望

在"职教 22 条"中，技能型社会的建设被摆在了极为突出的位置。在总体要求中明确提出，"加快构建现代职业教育体系，建设技能型社会"；在主要目标中，2025 年将实现"职业教育类型特色更加鲜明，现代职业教育体系基本建成，技能型社会建设全面推进"，2035 年将实现"职业教育整体水平进入世界前列，技能型社会基本建成"。

"职教 22 条"共提出两项主要目标，均与技能型社会建设高度相关。这也意味着，技能型社会的建设需要全社会的共同参与，更是职业教育界必须扛起的大旗。而从职业教育自身属性出发，技能教育本就是职业教育的内涵所在。我国"十四五"规划中在"培养造就高水平人才队伍"一节提出要重点培养三类人才，分别是国际一流科技人才、高技能人才和基础学科拔尖人才。在这三类人才中，只有高技能人才适合由职业教育进行培养，也只有职业教育界适合培养这类人才，并且需要通过纵向贯通、具有更高水准的职业教育进行培养。这也就要求，职业教育在新时期的发展，不仅要承担一般性技术技能人才的培养，更要瞄准高端技能人才培养，营造"社会崇尚技能、人人学习技能、人人拥有技能"的氛围，方可更好地实现职业教育所承担的使命和任务。

无论是在校学生、产业从业人员还是一般社会人员，技能的培养和提升需要适当的途径和良好的形式。而考虑到产业从业人员自身特点，灵活性学习和针对性学习是其提升技能的必然方式。这也就要求职业教育界必须通过一种具有高度灵活性和直接针对性的培养方式来对更广泛的产业从业人员进行技能提升赋能。而职业技能等级证书制度的设计和运行，正是有效解决产业从业人员持续学习的有效形式。在职业技能等级证书制度之下，在校学生、产业从业人员、一般社会人员等不同群体可根据自身发展路径、职业实际需要和自我学习兴趣等不同因素，有针对性地选择其需要或偏好的内容进行学习。这种主动选择、主动学习的氛围，不但符合学习型社会的基本要求，更由于其学习内容与技能水平提升高度相关，也直接促进了其技能层次和水平的发展。因此，技能型社会的建设是学习型社会建设的发展和具体表现，而职业技能等级证书制度的实施，则是技能型社会建设的直接途径和方法。

技能型社会的建设不是一蹴而就的，正如学习型社会的理论完善也经历了漫长的社会共识。而当技能型社会的概念逐渐明确、建设路径逐渐清晰，职业技能等级证书制度也就越来越成为技能型社会建设的重要措施。从这一角度而言，职业技能等级证书制度的实施，从微观层面看是职业院校联合社会力量所实施的一次专项行动，而从宏观角度看，更是促进我国学习型社会和技能型社会建设的重要举措和核心思路。

第三章

职教改革进程中的职业技能等级证书

第三章 职教改革进程中的职业技能等级证书

第一节 院校重大发展项目

改革开放以来，我国的职业教育经过了探索尝试、快速扩张和内涵建设几个大的阶段的发展，已经建设了世界最大规模的职业教育体系，基本建成了现代职业教育体系框架，初步形成了具有中国特色的职业教育发展道路，改革发展中的各项工作均实现了历史性跨越[10]，很好地支撑了我国经济转型和产业升级。

尽管职业教育发展取得了有目共睹的发展成就，职业技术教育的面貌正在发生格局性的变化。与迅速扩展的体量相比，长期以来困扰职业教育发展的深层次问题却还没有根本性解决，职业教育相对于普通教育仍然缺乏吸引力，社会认可度不高。提升职业教育的社会影响力是职业教育战线面临的重要命题。

打铁还需自身硬。职业教育吸引力提升的问题不仅仅需要改变社会文化和环境，加强政策支持，更重要的在于不断加强内涵建设，走高质量发展的路子，形成一套有中国特色的高质量的职业教育体系。在 2019 中国职业技术教育学术年会上，时任教育部职成司司长的陈子季从健全现代职业教育体系、提高职业教育质量、营造开源社会环境三个维度论述了职业教育吸引力不高问题的解决路径。建立健全以职业教育和普通教育"双轨"运行为标志，以纵向贯通、横向融通为核心，同经济社会发展和教育改革深化相适应的特色职业教育体系，是建立高质量职业教育体系的建设目标也是解决困扰职业教育发展根本问题的路径。

经过 20 多年的扩展和积累，职业教育规模发展阶段的问题已经基本解决，继续发展要面临的是提升内涵与质量，形成品牌与特色的问题。自进入新世纪以来，职业教育内涵式发展道路就是职业教育一直在探索和改革的方向。

2006年11月，教育部印发《关于全面提高高等职业教育教学质量的若干意见》，明确提出要认真贯彻国务院关于提高高等教育质量的要求，适当控制高等职业院校招生增长幅度，相对稳定招生规模，切实把工作重点放在提高质量上。这一文件从8个方面对提高高等职业教育教学质量做了详细规定和论述，为高职教育内涵式发展路径做了明确论述，是从规模扩张转型向内涵式发展的纲领性文件。

项目制是一种能够将国家从中央到地方的各层级关系以及社会各领域统合起来的治理模式。[11]项目制引入高等职业教育治理，成为高等职业教育发展过程中重要的制度安排。按照我国职业教育发展形势和理念，在国家重要战略部署下，"十一五"实施国家示范性高职学校建设计划、"十二五"实施骨干高职学校建设计划、"十三五"开展优质专科高职学校建设、"十四五"开展中国特色高水平高职学校和专业建设计划。这些建设计划的实施使职业教育发展质量得以提升，职业院校建设工程的战略延续性及稳定性得以保持。一系列保持着延续性的质量建设项目，以提升职业教育发展质量、破解职业教育发展的困难为目标，为职业院校发展造就了一种竞争氛围，从而激发了自下而上的职业院校办学创新活力，也继而为自上而下的战略政策提供思路与借鉴。而在各重大建设项目中，不乏对职业技能等级证书制度的雏形探索与尝试。

2005年10月，《国务院关于大力发展职业教育的决定》提出职业教育要为我国走新型工业化道路，调整经济结构和转变增长方式服务。实施职业教育示范性院校建设计划，在整合资源、深化改革、创新机制的基础上，重点建设高水平的培养高素质技能型人才的1000所示范性中等职业学校和100所示范性高等职业院校。2006年3月，支持100所示范性高等职业院校建设重点工程正式写入《中华人民共和国国民经济和社会发展第十一个五年规划纲要》中，并明确提出改革职业教育教学方式，更新教学内容，推行工学结合、校企合作的培养模式，建立弹性学习制度。"弹性学习制度"作为灵活学习、终身学习的具体表现之一，在"十一五"时期就已成为一项开始探索的内容。在这一阶段，虽尚未明确提出弹性学习制度与职业证书的关联性，但从其对终身教育、终身学习的促进和发展角度看，二者殊途同归，弹性学习制度也是对在不同时间、不同地点、以不同形式学习的教育形式的一种尝试。

2006 年 10 月，教育部、财政部联合发布《教育部、财政部关于实施国家示范性高等职业院校建设计划加快高等职业教育改革与发展的意见》，明确提出了支持 100 所高水平示范学校建设，重点建成 500 个左右产业覆盖广、办学条件好、产学结合紧密、人才培养质量高的特色专业群等 7 项工作任务。2006 年以后，先后遴选了 100 所"国家示范性高等职业院校建设计划"建设院校。2010 年，国务院发布《国家中长期教育改革和发展规划纲要（2010—2020 年）》，为落实《规划纲要》中对高等职业教育改革创新的要求，教育部、财政部在《改革发展意见》的基础上，发布继续推进"国家示范性高等职业院校建设计划"的实施通知；2010 年在第一期的基础上，启动了国家骨干高等职业院校建设计划项目，新增 100 所院校参与建设。[12]实施工作的主要目标是扩大国家重点建设高等职业学校的数量，新增 100 所左右骨干高职建设学校，2015 年完成全部项目验收工作，标志着"国家示范性高等职业院校建设计划"的结束[13]。

通过项目建设，示范性院校在办学实力、教学管理水平、质量效益等方面实现了较大水平的提高，发挥了积极的示范引领作用，带动全国职业院校加快改革与发展。作为一种特殊的资源配置方式，项目制具有精准配置、目标明晰、结果导向、流程化、可评估等特征，在明确的目标指引下，将工作项目进行拆分和打包，层层承包，形成最有效率的配置，实现充分的激励。

示范校建设取得了显著的成效，通过项目来推动加快职业教育发展的政策策略以优质校、"双高计划"的形式得到延续。2014 年 6 月，国务院发布《国务院关于加快发展现代职业教育的决定》，明确提出，建成一批世界一流的职业院校和骨干专业。2015 年 10 月，教育部发布《高等职业教育创新发展行动计划

（2015—2018 年）》，提出建设 200 所优质专科高等职业院校的目标，并于 2019 年最终认定了 200 所职业院校为国家优质专科高等职业院校。但该建设项目，国家并没有投入专项资金，而是采取绩效奖补的方式引导中央财政一般性转移支付到有改革绩效的院校[14]。

2019 年 1 月，国务院印发《国家职业教育改革实施方案》，明确提出启动实施"中国特色高水平高职学校和专业建设计划"。同年 3 月，教育部、财政部发布《关于实施中国特色高水平高职学校和专业建设计划的意见》，明确"舞龙头"的项目定位、打造技术技能人才培养高地和技术技能创新服务平台的建设重点、"当地离不开、业内都认同、国际可交流"的建设要求以及"1 个加强""4 个打造"和"5 个提升"的建设内容。同时配套制定了"遴选管理办法"和"绩效评价办法"，健全了"建""选""管"的政策制度体系。按照质量为先、改革导向，公开透明、扶优扶强的原则，在 12 月公布了中国特色高水平高职学校和专业建设计划建设单位名单，共立项建设单位 197 所，其中高水平高职学校建设单位 56 所，高水平专业群建设单位 141 所。

相比于示范（骨干）校计划、优质校计划，"双高计划"采取了长周期、分阶段的财政投入模式，持续跟踪和监测建设效果，跟踪办学质量和人才培养质量，持续建设不断提升，按照教育现代化 2035 的远景规划目标，项目的远期目标规划到了 2035 年，引导学校将建设做长远的规划，立足于实现职业教育现代化，实现高质量发展；且项目的投入较大，每一年中央财政的奖补支持 20 亿元左右，其力度相当于示范校、骨干校一轮建设的投入[15]，项目计划总投入将高达 650 亿元。

在国家战略层面上，通过四大项目的建设和引导，我国职业院校的办学水平得到了大幅度的提升，人才培养质量不断提升，在产教融合、技术技能创新、双师型师资队伍建设等方面，也探索了各种有地方、校本特色的建设经验与案例模式，在院校治理水平、校企合作水平、信息化水平、国际化水平等方面都有较大的提升，探索和发展出了一套有中国特色服务国家经济转型升级和高质量发展的职业教育体系建设的"中国方案"。[16]

示范（骨干）校计划、优质校计划作为我国进入 21 世纪以来的职业院校重大建设项目，在这段建设时间内，入选院校进行了长足的建设，重点解决了发展基础问题，并开始实现从规模建设向内涵建设转型，为后期的进一步发展打下了良好的基础。在这些建设计划中，不乏职业技能等级证书制度的前身行为或基础。以优质（骨干）校建设为例。其五大建设内容包括提高示范院校整体水平、推进教学建设和教学改革、加强重点专业领域建设、增强社会服务能力、创建共享型专业教学资源库。其中就明确提出了"探索职业岗位要求与专业教学计划有机结合的途径和方式""大力开展职业技能培训，努力提高劳动者素质、促进就业""针对职业岗位要求，强化就业能力培养，为实施'双证书'制度构建专业认证体系"等内容。这与职业技能等级证书制度在本质上是不谋而合的。这些内容都在试图通过某种方式或途径来进一步引导职业教育与产业深层融合、职业教育受教育者能够更直接地掌握产业需要的实际技能并提升技能水平。示范（骨干）校计划更是作为"双证毕业"正式推出后的第一个职业院校重大建设计划，成为推动"双证毕业"落地的重要途径。

"双证毕业"作为在示范（骨干）校计划中的重要抓手，其核心目的是解决职业教育与产业需要"两张皮"的矛盾。通过实际考取行业资格证书，促进职业院校学生实现在校所学即产业所需。而在院校端，在专业人才培养方案中"探索职业岗位要求与专业教学计划有机结合的途径和方式"实际上也是为了能够更好地使学生所学与产业所需进行紧密对接，形成既符合教育一般规律、又满足产业实际需要的学习内容。虽然在实践形式上，职业技能等级证书与职业资格证书有所区别，但从产教融合角度而言，其实现形式是极为类似的。示范（骨干）校计划强调探索职业岗位要求与专业教学计划有机结合的途径和方式，职业技能等级证书制度要求融入专业人才培养，实现"课证融通"；示范（骨干）校计划强调大力开展职业技能培训，努力提高劳动者素质、促进就业，职业技能等级证书制度要求实施高质量职业培训，面向本校学生开展培训的同时，积极为社会成员提供培训服务。这些内容都意味着，虽然所处历史阶段不同、具体实践形式不同，但职业技能等级证书制度延续了职业教育改革一直以来所追求的核心目的——深度促进产教融合。而示范（骨干）校计划、优质校计划等，虽然最初着眼于院校办学基础、师资队伍建设等，但其核心目的与"双高计划"和职业技能等级证书制度是一脉相承的。因此，职业技能等级证书制度不但是新时期职业教育改革的抓手，更是对既往职业院校建设项目的延续和发展。

在以"职教 20 条"和"职教 22 条"为核心引导的新一轮职业教育改革中，"双高计划"建设无疑是院校主体发展的核心项目。而职业技能等级证书制度的设计，更是为"双高计划"提供了更广阔的触及范围，从示范（骨干）校建设和优质校建设时期的内部建设为主拓展到"双高计划"时期的内外发展并重。在这一轮改革中，涌现出多个改革深入省份。其中以山东、江苏、甘肃、江西等省份颇为典型，并形成了"部省共建"的新格局。

在这些典型省份的职业教育发展改革建设路径中，无一例外地都将职业技能等级证书制度作为重点建设内容之一。例如，在《教育部 山东省人民政府关于整省推进提质培优建设职业教育创新发展高地的意见》中，将"实现学历证书与职业技能等级证书课程融通"作为教学模式改革基本思路的实现路径，并将做好职业技能等级证书制度和资历框架试点工作作为提升职业院校办学水平和服务能力的重要手段；在《教育部 江西省人民政府关于整省推进职业教育综合改革提质创优的意见》中明确提出，要"深入推动'1+X'证书制度和资历框架试点""开发面向江西地方特色产业岗位群的职业技能等级证书及其标准"；在《教育部 甘肃省人民政府关于整省推进职业教育发展打造"技能甘肃"的意见》中，更是多次提及职业技能等级证书制度，并且提出要"推动职业院校专业群课程模块与职业技能等级证书有机对接"。

纵观这些部省共建项目的具体措施，其对职业技能等级证书制度的探索，除重点发展外，更是要探索符合本区域特点、符合地方产业特色，并且具有行业影响力和社会公信力的职业技能等级证书。这也就意味着，不但这项制度在这些省份中需要大力推广，其所代表的产业先进和紧缺技能更将被优先发展。而这种以职业院校为重要推广和实践力量的优先发展，必然也将引导职业院校对先进标准的积极引入和深度融合，依托职业院校的专业人才培养和更广泛的社会培训，实现产业发展水平和从业人员技能层次的双向提升与促进。

第二节　院校专项建设项目

示范（骨干）校计划、优质校计划、"双高计划"三大项目的实施不仅是院校整体办学水平和人才培养质量的提升，在院校发展中树立起标杆性院校，而且在专业之间也树立先进典范，为以后专业间进行人才培养改革和创新提供了模式参考。在示范（骨干）校项目验收报告结论中，也指出骨干院校的重点支持专业是人才培养模式先锋，带动了骨干院校其他专业的建设。[17]因此，如现代学徒制试点项目、"三教"改革等旨在提升院校人才培养质量、创新和改革人才培养模式的专项建设项目，是职业院校内涵式发展的系列项目体系中的重要细化与支撑，有了这些项目的支持和支撑，教学改革、质量提升才切实地有了抓手，有了变革的依凭与指引。

近些年来，职业教育在学习国外先进模式、探索国内有特色的人才培养模式方面也进行了一系列的有力探索，诸如学习德国"双元制"、澳大利亚的 TAFEE 模式、英国的现代学徒制、加拿大的 CBE 模式等，也有部分学者在推广其教学理念与方法，如姜大源的"行动导向教学法""基于工作过程的课程设计"，赵志群的项目教学法等。但就影响力和国家层面上的关注来看，对现代学徒制的推广是比较重要且影响力较为广泛的人才培养改革试点项目。

一、现代学徒制与鲁班工坊

建立和发展现代学徒制是我国职业教育人才培养模式改革的重要探索举措，在我国的语境中，二战以后出现的以德国"双元制"为典型特征的学徒制形态，被统称为"现代学徒制"。[18]根据一个被引用较多也广为接受的定义，现代学徒制是将传统的学徒训练与现代学校教育相结合的一种企业与学校合作的职业教育制度[19]。

在教育中长期规划纲要发布后次年，教育部发布的《关于推进高等职业教育改革创新引领职业教育科学发展的若干意见》，文件提出高等职业教育具有高等教育和职业教育双重属性，服务经济转型，明确了高等职业教育发展方向。文件中首次提出了现代学徒制的试点要求，"鼓励职业学校和企业联合开展先招工、后入学的现代学徒制试点"。

从 2012 年开始，教育部逐步开始现代学徒制试点的推广和推进，在 2012 年的教育部工作要点中明确了"开展现代学徒制试点"，现代学徒成为教育部职业教育改革领域的重点推进工作事项。2013 年教育部工作要点中明确提出"启动现代学徒制试点"。2014 年 5 月，国务院印发《关于加快发展现代职业教育的决定》明确提出"开展校企联合招生、联合培养的现代学徒制试点，完善支持政策，推进校企一体化育人"，现代学徒制成为职业教育的国家制度。2014 年教育部工作要点中明确提出"全面推进现代学徒制试点"，至此，全面范围的试点工作铺开。2015 年，教育部发布《关于开展现代学徒制试点工作的通知》，决定遴选一批有条件和基础好的地市、行业、企业和职业院校开展现代学徒制试点工作。同时发布了试点工作方案实施方案，现代学徒制试点工作进入实质推进阶段。

截至目前，教育部已经组织完成了对第一批、第二批参与试点的单位的验收工作，两批试点单位的一次性通过率分别为 77.2%、97.9%，显示出建设经验的日趋成熟和路径的日益完善。

2019年新时期职业教育改革的纲领性文件《国家职业教育改革实施方案》，再次提出了总结现代学徒制和企业新型学徒制的试点经验，促进产教融合校企"双元"育人等具体要求。2021年4月全国职业教育大会召开，教育部在《关于学习宣传贯彻习近平总书记重要指示和全国职业教育大会精神的通知》中指出要推广中国特色现代学徒制，面向先进制造业、现代服务业、战略性新兴产业探索高层次学徒制，进一步推动我国现代学徒制的发展。新的职业教育发展形势下，现代学徒制的实施将以更加创新的形式延续和发展下去，成为促进我国职业教育高质量发展的一个重要抓手。

虽然现代学徒制的试点取得了重大成效，但不应忽视的是，在试点过程中也产生一系列的问题与困难，诸如学徒培养质量的考核标准和认证体系建设跟不上，企业导师的积极性调动不起来，学生的兴趣和积极性不高等问题，也在限制着其走向更远、更好的未来。究其根本，现代学徒制不能发挥最大效用的限制性因素便是国家专业教学标准与职业认证体系建设滞后。

而劳动系统虽然开发了国家职业资格标准，并建立了配套的认证体系，但其建立的基本单元是"工种""岗位"，范围偏窄，难以作为人才培养参照的完整标准。这些年所实施的双证融通，往往只是把证书的部分内容融入人才培养方案的某些环节中，而无法直接依据职业资格证书的内容本身开展教学活动。两套系统同时运行，但互不融通，这让技术技能人才的培养机构无所适从。[20]因此，双证融通既是破解职业教育发展难题的路径，也为此后职业技能等级证书制度的推出埋下了伏笔。

二、鲁班工坊

现代学徒制是我国职业教育学习和借鉴西方发达国家建设经验的探索之举，

而"国际可交流"作为双高计划的建设目标之一，向国际输出中国职业教育发展经验和模式，发出中国职教声音也是职业教育发展的重要内容。在这条战线上，鲁班工坊便是最有代表性的探索。

鲁班工坊是在教育部指导下，天津原创并率先实践的中外交流国际化品牌项目，是国家现代职业教育改革创新示范区的标志性成果，也是职业教育国际化发展的重大创新，[21]是探索"职业教育+国际产能合作"的新支点，旨在打造独具中国特色的、具有国际竞争力和影响力的职业教育品牌，是中国职业教育的"孔子学院"。[22]

2018年9月3日习近平总书记在中非合作论坛北京峰会开幕式上提出，在非洲设立10个"鲁班工坊"，向非洲青年提供职业技能培训。2020年，随着鲁班工坊建设联盟的成立，鲁班工坊这一国家品牌开始在全国推广。"双高计划"提出，要积极"一带一路"建设和国际产能合作，参与建设一批鲁班工坊，推动技术技能人才的本土化；《职业教育提质培优行动计划（2020—2023年）》提出支持职业学校到国（境）外办学，培育一批"鲁班工坊"，培养熟悉中华传统文化、中资企业急需的本土技术技能人才。从国家政策的视角来看，鲁班工坊已经成为我国职业教育走出去的重要项目依托。

与示范（骨干）校、优质校等建设计划类似，现代学徒制、鲁班工坊等专项建设项目的深层目的也是能够进一步促进职业教育与产业需要的深层融合。所不同的是，示范（骨干）校计划、优质校计划等学校层面建设项目同时也集中于学校整体办学条件、师资队伍等方面，实现职业院校的整体提升，而现代学徒制、鲁班工坊等更聚焦学习者本身，所有的资源和投入都是直接围绕学生（学习者）并为其服务。

而与职业技能等级证书制度不同的是，现代学徒制、鲁班工坊等项目都是基于真实产业生产环境而设立的。在现代学徒制中，学习者具有职业院校在校学生和企业学徒的双重身份，学习场景同时存在于学校和企业，学习内容直接来自岗位实际生产需求,通过"岗位生产需要—学校理论教学—岗位生产实践—从业效果反馈—理论教学提升—生产实践改进"的全闭环学习模式,直接了解、学习和从事企业岗位的具体实践,从而提升理论学习和实践操作的结合紧密性。鲁班工坊更是直接建立在真实的建设项目基础之上,所有的资源,包括建设空间、实训装备、师资建设、专业标准和教学资源等,都直接以项目需求为设计蓝本,所服务的对象也是建设项目的全周期或特定领域生产要求。

反观职业技能等级证书制度,虽然职业技能等级标准内容也是依托产业需要所设计开发的,考核形式也以模拟实践或实操内容为主,但其毕竟并非基于具体的生产需要,而是对同类型岗位或职能的提炼总结而形成的一套标准。职业技能等级证书所对接的内容与产业岗位实际需要结合的紧密性较为依赖标准开发组织,同时由于其岗位和职能的共性特征这一属性的影响,需要具有更广泛的适用性,因此其在具体岗位中的个性表达就会略显不足。

即便如此,职业技能等级证书制度也同时表现出了其不可替代的优势。其中最典型的优势正是现代学徒制和鲁班工坊基于真实环境这一状态所带来的。基于真实生产环境和特定岗位,固然会直面一线岗位需求和实际操作需要,但其也带来了所学内容基本只针对特定岗位的局限性。在现代学徒制和鲁班工坊中,学习者的主要学习内容是其所处岗位的生产需要,具有明显的独特性和个性化特征,学习者固然能够对该岗位进行深度学习,但这也限制了其在整个产业链中的发展,对于其他岗位技能的掌握并不具有明显的迁移性和适应性。而职业技能等级证书着眼于岗位类型的共性技能,其学习内容是具有岗位和职能的广泛适用性的。换言之,掌握职业技能等级证书所要求的内容后,学习者往往能够适应不同岗位中对于特定职能的需要。虽然在具体环境下仍需要进行二次学习,但在进入具体岗位前已经具备了发展基础。这种岗位迁移能力和广泛适应能力是现代学徒制和鲁班工坊所难以实现的。

同时,职业技能等级证书的学习形式更为灵活。学习者可以通过职业院校、社会培训机构，在不同时间、不同场合，以不同学习形式完成职业技能等级证书内容的学习。同时，针对同一岗位或职能下的不同技能需要，学习者亦可通过自主选择分段式或集中学习等不同形式来完成不同技能的学习，最终完成岗位所需技能的综合学习。这种灵活性优势亦是现代学徒制和鲁班工坊等项目所无法比拟的。这也是职业技能等级证书为职业院校学生提供更多样化的学习形式和更广阔的发展空间的具体表现。因而，现代学徒制、鲁班工坊、职业技能等级证书制度等专项建设不但不互相矛盾，更是互相形成了有益补充和丰富。

三、新时代职业院校专项建设

在以"职教20条"和"职教22条"为核心指导的新一轮职业教育改革中，职业院校开启了拥抱新时代的新的专项建设。特别是在"职教22条"发布之后，其所倡导的新时期职业教育改革核心思路——更紧密地对接产业发展需要、服务产业转型升级，为职业院校专项建设提出了方向和指引。"职教22条"明确提出，要"丰富职业学校办学形态""改进教学内容与教材"，并对这些内容提出了具体的指导。为此，职业院校领域也针对性地开展了具体的专项建设，包括产业学院建设、职业教育规划教材建设等内容。

2020年8月，教育部办公厅和工信部办公厅联合印发了《现代产业学院建设指南（试行）》，正式拉开了在院校开展现代产业学院建设的序幕。在产业学院建设中，以创新人才培养模式、提升专业建设质量、开发校企合作课程、打造实习实训基地、建设高水平教师队伍、搭建产学研服务平台和完善管理体制机制为主要任务，并特别提出了要推进"引企入教"、推动多种培养模式综合改革，促进课程内容与技术发展衔接、教学过程与生产过程对接、人才培养与产业需求融合，同时推动课程内容与行业标准、生产流程、项目开发等产业需求科学对接。

产业学院建设的核心内核在于推动产业实际发展需要与院校人才培养之间的

真实对接。通过校企共同建设、引入真实企业案例和应用场景等方式，实现院校人才培养内容对产业应用需要的强支撑性和高相关性。虽然《现代产业学院建设指南（试行）》在发布时间上略早于"职教22条"，并且建设主体也不仅限于职业院校，但其所倡导的核心思路和基本方式是高度同源且一致的，因而，现代产业学院的建设也在职业院校中引发了广泛关注，成为了新时期职业教育改革和职业院校建设的重点项目之一。2021年12月，教育部高教司发布《关于首批现代产业学院名单的公示》的通知，共50所院校的首批现代产业学院最终入选，成为推进职业教育改革、对接产业真实发展的标杆与典型。

在职业教育规划教材建设方面，2021年12月，教育部办公厅下发《"十四五"职业教育规划教材建设实施方案》，正式开启了新时代职业教育改革中在教材建设方面的专项行动。《方案》提出，要在"'十四五'期间，分批建设1万种左右职业教育国家规划教材，指导建设一大批省级规划教材，加大对基础、核心课程教材的统筹力度，突出权威性、前沿性、原创性教材建设，打造培根铸魂、启智增慧，适应时代要求的精品教材，以规划教材为引领，高起点、高标准建设中国特色高质量职业教育教材体系"，并特别提出职业教育发展新时期的教材建设要"增强教材适用性、科学性、先进性"。

在新时期职业教育规划教材建设中，建设的核心思路高度传承和发展了"职教22条"的核心精神，从其对规划教材编写的具体要求中便可见一斑。"规划教材编写应遵循教材建设规律和职业教育教学规律、技术技能人才成长规律，紧扣产业升级和数字化改造，满足技术技能人才需求变化，依据职业教育国家教学标准体系，对接职业标准和岗位（群）能力要求"。在专业课程教材中，要"以真实生产项目、典型工作任务等为载体，体现产业发展的新技术、新工艺、新规范、新标准，反映人才培养模式改革方向，将知识、能力和正确价值观的培养有机结合，适应专业建设、课程建设、教学模式与方法改革创新等方面的需要，满足项目学习、案例学习、模块化学习等不同学习方式要求，有效激发学生学习兴趣和创新潜能"。

这些内容充分表明，职业教育改革发展新时期的规划教材建设，不但是教材更新的基本需要，更是对新时期职业教育改革基本思路的具体落地措施和实现方法。在教材开发编写过程中，新技术、新工艺、新规范、新标准的融入是重要的建设方向，而这也正是"职教 22 条"所积极倡导的。作为职业教育改革新时期的重要举措，教材建设也成为了众多职业院校的重要任务之一。

产业学院建设和职业教育规划教材建设作为新时期职业教育改革的重要途径，深度对接产业需求、将产业最新标准和技术有机融入是两项工作的重要建设方面。而这也正是以"职教 20 条"和"职教 22 条"为核心依据的新时期职业教育改革所倡导的核心内容之一，也是职业技能等级证书制度设计的内核。产业学院、职业教育规划教材建设、职业技能等级证书，三者具有高度一致的建设内核，因而也就成为了新一轮职业教育改革中看似多头推进，却实际上都围绕着职业技能等级证书制度而相辅相成、互为支撑。

第四章

"职业证书"在职业教育发展中的实践

第四章 "职业证书"在职业教育发展中的实践

第一节 "双证融通"的社会背景

随着我国职业教育规模的不断扩张,办学质量不断提升,内涵式发展和高质量发展成为职业教育时代发展的主旋律。许多困扰职业教育进一步发展的因素开始凸显,长期以来的参照普通教育办学的职业教育发展路径、过于应试化的人才培养模式限制,忽视了专业技能的重要性。这种培养和发展模式满足了人民群众日益扩大的对高等教育的需求和产业发展对高素养人才的需求,但也同时造成了人才供给与各行业人才需求间存在着结构性失衡,各行业企业人才缺口都在持续加大。

职业教育长期以来的人才培养模式改革和建设更多地注重内部建设,而较少地关注与教学内容相关的职业资格证书要求之间的关联,也不甚关注到产业行业的发展动向、企业的需求变动,既没有做到产教的深度融合,也没有做到与职业资格证书之间的一一对应。由于职业院校与职业资格证书分属于不同部门管理,在很长的一段时间内,对于大多数职业院校的学生,在经过了几年的学习后,如果不参加专门的职业资格培训并通过技能考核和技能鉴定,依然无法获得职业资格证书。各自为政的现实造就了职业院校教学内容并没有完全包括职业资格证书所要求的全部内容,也从而造成学历教育与职业资格证书的内容在互通认可之间一直存在障碍,学生在完成学历职业教育后并没有达到职业资格证书所要求的条件,也就无法在完成学历教育要求的全部内容后获得职业资格证书。[23]

而职业资格证书作为国家标准的存在,其在就业市场上起着职业准入门槛、职业技能水平评价、选聘人才筛选信号器等作用,是职业院校学生进入就业市场以及职业发展和精进的重要影响因素。随着社会主义市场经济的发展,社会人才市场对从业人员素质的要求越来越高,特别是对高级实用型人才的需求更讲求

"适用""效率"和"效益",要求应职人员职业能力强、上岗快。这就要求高等职业院校的毕业生,在校期间就要完成上岗前的职业训练,具有独立从事某种职业岗位工作的职业能力。职业资格证书是高职毕业生职业能力的证明,谁持有的职业资格证书多,谁的从业选择性就大,就业机会就多。因此,双证制度的推出是市场经济发展的必然,也是由职业教育的根本属性决定的。

提升职业教育学生的技能素养,创新和改革人才培养模式是提升职业教育吸引力的关键之所在,也是职业教育区别于普通高等教育的根本属性之所在。"职业性"是职业教育的一种本质属性,职业教育的"职业性"最直接的外在体现是受教育者是否能够获得职业资格证书,必须以职业资格证书为导向对职教课程进行改革,这种改革具体体现在建立管理部门之间的沟通协商机制、课程开发、建立灵活的认证课程制度、借鉴国外的先进经验等方面。"使受教育者获得职业资格证书是职业教育最重要也是最基本的目标之一,这是判断职业教育是否具有职业性、是否成功的基本指标。"[23]为提高毕业生的就业能力,增加毕业生的就业机会,将职业资格证书的获取纳入学生的毕业条件。

推行双证书制度势在必行,是职业教育经过快速扩张发展以后所必须要走的道路,也是体现其根本属性的制度架构搭建。所谓的"双证"是指学历证书与职业资格证书,"双证融通"就是要通过学历证书与职业资格证书这两类证书内涵的衔接与对应,采取高职学历证书与职业资格证书并重的培养模式,实现高职课程标准与职业资格标准的融通,实现学历教育与职业资格培训的融通,实现"一教两证"。[24]基于学历教育毕业要求和职业资格证书考核要求的共同之处,探索出基于产业、行业与院校实际的专业教学标准和职业技能标准,从而以此为基础上实现教学、课程、评价、鉴定等方式的融通、衔接、转换互认。以职业标准为导向,以职业能力为培养核心,突出实践动手能力的培养,使学生掌握最新的工艺和技能,并将其贯穿于学历教育的全过程。

职业院校推行学历证书和职业证书的"双证"制度由来已久,在国家政策法律层面有完整的制度规定。1993年，中共中央《关于建立社会主义市场经济体制若干问题的决定》中就指出："要制订各种职业的资格标准和录用标准，实行学历文凭和职业资格证书制度。"

1994年，国务院关于《中国教育改革和发展纲要》的实施意见要求，大力开展各种形式的职业培训，认真实行"先培训、后就业""先培训、后上岗"的制度，使城乡新增劳动力上岗前都能受到必需的职业训练。强调要在全社会实行学历文凭和职业资格证书并重的制度。

1995年5月在劳动部《关于技工学校、职业（技术）学校和就业训练中心毕（结）业生实行职业技能鉴定的通知》规定，为了贯彻实施《中华人民共和国劳动法》，根据国务院《关于〈中国教育改革和发展纲要〉的实施意见》，对技工学校、职业（技术）学校、就业训练中心和其他职业培训实体毕（结）业生逐步推行职业技能考核鉴定，实行职业资格证书制度。

1996年颁布的《中华人民共和国职业教育法》规定，"实施职业教育应当根据实际需要，同国家制定的职业分类和职业等级标准相适应，实行学历证书、培训证书和职业资格证书制度。"我国第一次以法律的形式推行双证制度。二十多年来，"双证书"一直是政府提倡并大力推行的一项制度，也已经成为职业教育发展的一项基本制度，是支撑起产教融合、校企合作等办学战略有效实践的制度设计之一，为此后的职业技能等级证书制度的推出奠定了基础。

《国家中长期教育改革和发展规划纲要（2010—2020年）》提出"积极推进学历证书和职业资格证书'双证书'制度，推进职业学校专业课程内容和职业标准相衔接"，旨在针对职业资格证书认定中对各种职业能力水平的要求，改革职业教育课程内容，实现有效对接。

早期双证书制度的探索有比较大的局限性，仅仅流于表面，局限在两个证书，甚至出现了很多学校为求数字上有凸显，不分专业、不论等级，只要拿到两张证书即可,更多地停留在"双证并举"的层面上而非"双证融通"。随着双证书的逐步推行,职业准入行业增加、行业内职业标准细化,宽泛的粗制滥造时代已经结束,企业更需要专门性人才,于是以职业标准为依据的课程改革揭开了新一轮高职教育教学改革的序幕。至此,"双证融通"制度的推行才真正进入到了实质性发展阶段。[25]"双证融通"是更广泛和深入的"双证并举",它既反映了我们对学历教育和职业培训两者并重的价值取向,同时又是一种课程改革目标。浅层次的"融通"是在某一学历教育教学计划中加一个或几个资格课程模块;深层次的"融通"是把一个或几个资格课程模块融合在学历教育教学计划的各课程之中,学生毕业前后,稍加辅导就能参加考证并获得有关证书。这种深层次的"融通"必将导致学历课程的深度改革,而这种课程的深度改革,恰恰是推进"双证融通"的主要目标。[26]融通是要在使学生获得双证书(学历证书与职业资格证书)的同时,构建两者之间的融通机制,打通两者之间的壁垒,要在标准、过程和评价机制三者之间强化融合性。[27]

实行"双证融通"制度,是我国职业教育改革与发展的重要契机,为高等职业改革指明了方向,也为高等职业教育提供了广阔的发展空间。作为一项制度创新,通过相互融合、相互认可,弥补相互短板,优化人才培养模式,更好地适应数字经济时代对复合型人才的需求:传统以应用型人才为培养目标的学历教育偏重理论知识,学生专业技能欠缺、动手能力不足;传统的职业资格类技能培训,偏重职业标准的应知应会技能,缺乏系统文化知识和创新能力,发展后劲不足。

"双证融通"制度整合教育培训资源,实现学历教育与职业培训成果共享互认,建立起学历教育与职业培训之间的立交桥,实现学习成果互认,避免重复学习,也避免了教育培训资源的浪费。

第一,"双证"有效衔接,为职业教育人才培养模式创新提供契机,适应经济高质量发展对人才的需求。我国经济社会发展进入新阶段、面向新格局,对高技术技能型人才的需求日益迫切。传统职业开始让位于有更多专业资格的服务性活动,高智能、高技能、知识型的岗位越来越多。学历证书与职业资格证书有效衔接,精准而灵活地对接行业、企业需求,人才培养培训快速适应经济社会发展的需求,适应职业岗位变化能力。

第二,"双证"融合相通,系统更新课程与教学模式,全面提升学生就业竞争力。职业教育是面向市场的就业教育。服务发展、促进就业的办学方向,决定了职业教育必须以市场需求为导向,紧盯企业需求,紧盯市场信号,市场和就业需求发生变化了,职业教育的专业设置和教学方式就应及时调整。[28]就业市场上,用人方越来越注重人才的实际工作能力和发展力,而职业资格证书是工作能力的有力证明,因此双证的融合既可以强化学生实践技能的训练,又可以使其综合能力有了更多的附证,从而增强学生的就业竞争力。

第三,"双证融通"模式的探索与创新,将为职业院校探索类型教育发展路径、走高质量发展路径奠定基础。职业教育作为类型教育的定位已经确定并将进一步写入职教法,探索凸显职业教育特色和本质属性的发展道路势在必行。全国职业教育大会提出,新一阶段职业教育改革的总体任务是:全面贯彻党的教育方针,落实立德树人的根本任务,打造纵向贯通、横向融通的现代职业教育体系。实行"双证融通"使高职院校肩负着学历教育与职业培训的双重任务,积极开展职业资格培训,实行多层次、多形式办学,提高学校的办学功能,也为提高学生素质、加快技能型人才培养发挥了应有的作用。"双证融通"需要构建新的课程体系,基于工作岗位的职业能力标准进行全面的职业岗位能力分析,包括核心能力、行业通用能力、岗位特定技能等。将岗位能力进行分解并重新组合,重构以岗位能力体系为主线的课程体系,[29]从而形成具有职业教育特色的人才培养体系。

职业教育是面向市场的就业教育、面向能力的实践教育、面向社会的跨界教育、面向人人的终身教育,是提升人力资本、增强职业能力的重要渠道,是促进人的全面发展、社会全面进步的重要途径[29]。"双证融通"既是在新的市场条件下职业教育进行的制度创新，也是职业教育本质属性决定的根本发展方向。

第二节 "双证融通"的实践探索

"双证融通"制度作为破解职业教育发展的关键制度和实践策略，各地和各职业院校都围绕自身实际积极探索和创新，开展了培养高技能人才的生动实践，并将此与人才培养模式变革、育人机制创新等结合起来。从技术岗位复合型人才需求出发，以典型工作项目为载体，与行业和企业共同构建模块化、能力递进式的课程体系，以课程改革为核心推进育人模式变革；以行业认证、技能竞赛的能力和素养要求为目标整合教学内容，取得了显著成效。在众多的实践案例中，形成以下几个典型的实践模式。

一、上海市"量身定制"分类双证融通

2012年5月，为贯彻国家和上海市中长期教育改革和发展规划纲要精神，落实《上海市职业教育"十二五"改革和发展规划》各项任务，加快构建现代职业教育体系，推动学历证书和资格证书的"双证融通"，上海市教育委员会与上海市人力资源和社会保障局在上海市部分中职学校开展"双证融通"专业改革试点，旨在积极探索人才培养与行业、企业用人需求紧密结合的新途径，提高学生综合素质和职业能力，使学生更加符合行业、企业等用人单位需求，更好地服务于经济社会发展和学生终身发展。[30]通过课程重组和一体化教学，学校教学和职业资格要求融合进了新的课程设置和课程内容中，实现了"双证融通"，即让学生毕业时同时获得学校毕业证书和相应的职业资格证书，从而有效矫正了教考分离的弊端，大大加速了学生从学校人到企业人的转变进程。

2015 年，上海市教育委员会、上海市人力资源和社会保障局正式印发《关于开展"学分认可型双证融通"和"证书认可型双证融通"试点工作的实施办法》。"双证融通"包括"学分认可型双证融通""证书认可型双证融通""直通车式双证融通"三种类型。

1. "学分认可型双证融通"[26]

对本市中高等院校开设的学历教育课程，经认定达到相应国家职业资格证书部分考试项目要求的，学历教育学生取得相应课程的学分后，凭上海市终身教育学分银行成绩证明可替代相应职业资格证书部分考试项目，予以认可为相应职业资格的理论知识合格。

其实施方式分为以下四步：

（1）院校提交申请及工作方案。各院校按照"学分认可型双证融通"试点职业资格证书目录及职业资格证书考试内容和要求，与本校开设的学历教育课程（相关专业部分课程）的教学内容和要求进行对照分析，选定可替代相应职业资格证书理论知识考试的若干门课程，提交"学分认可型双证融通"申请（包括申请表、课程教学大纲与教材、教考分离的考试方案）。

（2）专家评审。组织专家对院校的申请材料进行评审，认定替代相应职业资格证书理论知识考试的课程，并在学分银行网站公布。

（3）院校实施。各院校按照认定的"学分认可型双证融通"课程教学要求实施教学与考试，并将学生考试合格成绩存入学分银行，教学过程资料和试卷、课程评价实施相关材料留存备查。

（4）考核与免考申请。对课程成绩合格学生，由各院校组织向本市职业技能鉴定部门提出免考相应职业资格证书理论知识的申请。经审核，给符合要求的学生办理相应职业资格证书理论知识免考手续。

2. "证书认可型双证融通"[26]

对国家职业资格证书，经认定达到相应学历教育课程教学内容和要求的，学生获得相应的职业资格证书后，可通过学分银行服务平台，至继续学习的本市中高等院校，将所获得的职业资格证书转换为相应学历教育课程学分。

其实施方式也分为三步：

（1）认定和公布可转换的证书目录。试点项目工作组组织专家，对职业资格证书考试内容和要求与学历教育课程教学内容和要求的相关性进行认定，形成职业资格证书转换为学历教育课程学分的证书目录，并在网站上予以公布，指导各院校进行相应学分认定转换。

（2）院校实施。各院校根据实际情况，参照学分银行公布的证书目录，受理本校学生职业资格证书转换为相应学历教育课程学分的申请，经审核，给符合要求的学生办理相应的学分转换手续。

（3）学分银行提供学生成绩信息服务。

3. "直通车式双证融通"

面向有提升学历需求的培训学员，通过学习职业技能标准与学历教育专业教学要求相融合的培训课程，通过考核合格，既可获得相应国家职业资格证书，又可直接获得学历教育中的相应课程学分（融通课程学分比例可达学历总学分的40%~60%）。学员继续修满该专业其他学分即可获得相应学历文凭。

其实施方式分为以下3步：

（1）确定对接方案。组织专家确定学历教育专业与国家职业资格证书的对接方案。

（2）院校设计相应课程并实施。在学历教育课程中设计了理论与实践相结合的融通课程，使学生通过理论知识的学习以及实践技能的训练，共同提升知识、能力、素质，学员参加开放大学的学习。

（3）申请证书。学员既可获得上海开放大学颁发的本科毕业证书（达到学士学位授予标准可获得学士学位证书），还可以获得上海市人力资源和社会保障局颁发的二级国家职业资格证书。通过开放专科的学习，既可获得上海开放大学专科毕业证书，还可以获得上海市人力资源和社会保障局颁发的三级国家职业资格证书。

"双证融通"专业改革作为上海教育综合改革项目之一，其核心要义在于对现有学校课程进行全面、深入的改革，实现学校教育与证书教育在课程层面的有机融合。[31]学分银行在"双证融通"中扮演了一个重要的"中转站"角色，"双证融通"试点工作将学分管理统一纳入学分银行管理平台，建立市人力资源和社会保障局颁发的国家职业资格证书与学分银行的信息联网对接制度，畅通学分的认定、转换和累积机制。[26]建立职业资格证书发证数据和学分银行成绩数据的对接制度，形成学分的认定、积累和转换机制，为学历教育学分和职业资格证书的双向融通提供信息化保障。

课程改革和双师型教师是上海市"双证融通"改革成功的关键。其"双证融通课程"实现了专业教学标准与职业标准，专业教学过程与岗位真实情境，学校学业评价与职业技能鉴定的"三融合"。每门"双证融通课程"考核由理论知识考试、操作技能考核、综合素养评价三部分组成。承担"双证融通课程"的专业教师应具备"双师型"素质，具有三年及以上的高职教育教学经历，拥有与"双证融通"证书一致的高级（三级）及以上职业资格证书。试点专业可聘请行业企业工程技术人员、管理人员或能工巧匠担任"双证融通课程"中技术技能培养模块的兼职教师。

二、"课证共生共长"模式：深圳职业技术学院

深圳职业技术学院（简称深职院）与华为技术有限公司在共同培养 ICT（信息通信技术）人才过程中，探索出"课证共生共长"模式。"共生"是指把行业企业的标准转化成职业院校课程教学标准，根据标准培养出的人才又服务于企业；"共长"是指密切跟踪企业标准变化，不断把企业新标准引入到课程教学中，按新标准落地培养的人才又反过来推动行业企业的发展。该模式实质是把在职工程师必须通过的认证和学校课程教学捆绑在一起，把企业工程师培养纳入高职院校教学工作，有效解决了学校供给侧和企业需求侧在人才供需上的不适应、不匹配问题。[32]

HCIE（Huawei Certified ICT Expert，即华为认证 ICT 专家）（华为认证 ICT 专家）是华为认证体系中最高级别的技术认证。网络工程师拿到这个认证意味着薪资会增长 20%~30%。深圳职业技术学院实施"课证共生共长"模式，截至 2020 年 12 月，深圳职业技术学院在校通过华为 HCIE 顶级认证的学生已经达到 235 人。这些学生在毕业一年后年薪远远超过同类院校相关专业毕业生薪酬。

在这一模式下，深职院与华为公司定期根据技术发展和市场需求，商议设定云计算、大数据等认证标准，同时开发与认证标准相适应的课程，培养零基础在校生。认证方向和培养规模随市场需求变化，课程内容随技术发展而更新，华为的认证标准也根据职业教育的教学规律而调整。此举解决了传统刚性人才培养模式滞后于市场需求的问题，企业根据技术和产业发展趋势，不断更新认证体系；学校据此及时调整课程类别、课程内容和培养规模，形成"刺激-反应"的动态运行机制。[33]

1. 重构课程体系，实现专业课程与企业认证共生共长

为实现学校专业课程与华为认证的有机融合，深圳职业技术学院攻关小组深

入研究，对华为证书的知识、技能体系进行解构、重构，将其知识、技能需求转化为学生的素养、能力要求，着力推进课程改革，促进人才培养方案与华为认证体系互嵌共生、互动共长。以"学校课程"与"企业认证"这两个关键点为纽带，校企双方共建 ICT 专业、共建课程、共育人才，构建分段、分层、分类的"三分"课程体系，开发华为认证系列课程（包括数通、云计算、传输、存储等方向）。随着产业技术的进步，华为认证标准不断升级，学校相关专业课程体系亦同步更新并反哺认证体系，教学过程与生产过程相一致，ICT 技术技能人才的需求融入人才培养的全过程，实现了精准培养和精准就业。

2. 开展分段、分层教学，实现人才培养与企业需求精准对接

针对标准化专业人才培养方案无法兼顾学生学习基础与志趣差异的问题，将培养过程划分为公共基础课程（1–2 学期）、专业基础课程（2–3 学期）和认证课程（4–6 学期）三个阶段，将培养方向划分为传输、数通、云计算、移动等不同类别。按照华为认证层次（初、中、高）分类开发模块化、阶梯化课程，建立不同层次培养规格，实行进阶式培养、个性化学习，形成灵活可选、人人成才的三分课程体系，努力使分段体现认知规律、分类体现因材施教规律、分层体现职业成长规律。

三、"课赛证融通、工学结合"教学模式：广东工商职业技术大学[34]

"课赛证融通、工学结合"教学模式的理念核心是深化"引企入教"改革，促进企业需求融入人才培养环节，通过引进校企合作企业的竞赛项目，同时将电子商务专业技能证书考试复习大纲与课程教学大纲相衔接，使课程与岗位和职业证书融通；在课程教学过程中组织学生参与电子商务技能、电商运营项目大赛，实现课赛结合，实现课赛证三融通。

1. 依托行业，构建"课赛证"三融合课程体系

通过引进校企合作企业的竞赛项目，收集来自行业企业一线专家对相关岗位的素质能力要求标准，梳理课程教学大纲，将专业技能证书考试复习大纲与课程教学大纲相衔接；在课程教学过程中组织学生参与电子商务技能、电商运营项目大赛，实现课赛结合。

2. 对接企业，创建"标准融入、项目贯通"的实践教学系统

以企业实际项目为载体，实施"学做一体、分层递进"的实践教学模式。对总项目进行分解、重构和优化，形成从简单到复杂、从单项到综合、内容前后贯通、标准前后衔接、能力前后递进的实训项目群。在引领学生参与完成项目过程中，采用"学做合一"的教学形式，分步完成实训。体现为从简单项目实训递进到复杂项目实训，再到综合专业大赛；从单项项目实训递进到综合项目实训，从校内模拟实训递进到校内外跟岗及顶岗实习。

3. 链接产业，搭建产品与课程作品融合平台

以企业具体产品为纽带，结合电子商务专业具体开设课程，根据企业产品特点和课程需要，搭建平台，让产品融入学生课堂教学和学习环节。企业与院校共同创立教学评价体系，对比赛成果的转化与教学质量的评价建立新的评判标准。企业具有发言和评判的权利，促进了高校的教学。

以项目为教学载体，开展提升各课程核心职业能力的技能竞赛，如跨境电商网店创业技能竞赛、网页设计技能竞赛、省电子商务大赛、全国高校"众创"电商大赛、"肇庆农村电商"挑战赛等。同时，将跨境电子商务师、助理电子商务师等职业资格认证考试内容融入教学活动中，建立起"课赛证"相融合的实践教学模式。根据竞赛等级和获奖等级进行学分的合理量化，对学生进行学分奖励，鼓励学生参与技能竞赛的热情。

"课赛证融通、工学结合"教学模式不仅激发了学生们的课堂学习兴趣和热

情，同时，在各项技能大赛中也取得了一些历史性突破。2015 年、2016 年、2017 年电子商务专业学生连续三年参加广东省教育厅职业技能大赛电子商务赛项竞赛，分别获得两次二等奖、一次三等奖。

"课赛证融通、工学结合"教学模式不但夯实了专业建设，而且教师的混合教学能力也显著提高。通过系列大赛参与和企业的培训，教师的教学能力得到了提升，教师在教学上投入的精力增加了，课堂上师生互动也增加了，教学效果好转，学生对该教学模式改革的满意度较高。

四、"学训赛深度融合"模式：重庆城市管理职业学院[35]

在"学训赛深度融合"模式中，重庆城市管理职业学院紧扣高职物流管理专业人才的需求定位，切合物流业管理专业人才的具体培养要求和规格，整合政府、行业企业和学校的资源，有效开展教学、实训、竞赛、顶岗等教学活动，促使专业人才培养规模、质量和效益得到全面提升。

1. 搭建政企校三方联动平台

搭建起共享合作单位的企业兼职教师和设备场地等资源的有效平台，为推行"双讲师授课""双导师指导实习"提供有力的人力资源和场地设备保障。借助这个平台，学校先后与当地的物流园区管委会、物流与供应链协会及多家合作企业签订战略合作协议，开展战略合作，并成功进行人员互聘。积极争取中物联、全国物流行指委和地方政府相关职能部门的政策支持。

2. 三标融合，相互转化

实现"三标"融合，把职业资格鉴定内容和用人单位的要求融入教学内容，把竞赛内容转化为学习内容，把学习的内容变成竞赛内容和工作内容。"以赛促学、以赛促教、以学备赛、赛鉴融通"，通过竞赛指导教师和竞赛获奖同学指导其他同学进行《国家物流技能竞赛项目》综合实训，实现"一人（队）参赛，人人参赛"的教学目标。

3. 学业与素质"双学分"

通过学业和素质"双学分"制度来全面评价人才培养质量。将学生的竞赛获奖转换认证为学业学分或绩点；并建立由辅导员、专任教师、实训教师等组成的多方职业素质评价团队，对学生进行素质学分评定，将职业素质提升落实到平时。

该模式建立起了"政府—行业企业—学校"共建专业的生态，该专业学生常态化参加校、市和国家三级技能竞赛活动。2009年以来学生获全国性物流技能竞赛一、二、三等奖 5 项 16 人次，获省（市）级物流技能竞赛一、二、三等奖 10 项 32 人次。

除以上案例之外，其他院校通过开展"岗课赛证融通"的人才培养模式改革，也取得了显著成果。如山东外贸职业学院会计专业推进"课岗证赛融合、教学做练一体、德能情智并进"人才培养模式改革；湖南机电职业技术学院"岗课赛证融通" 高技能人才培养模式；山东职业学院"赛证课相通"模式中，学校的专业课程与技能大赛、企业认证（证书）相衔接，以行业认证、技能竞赛的能力和素养要求为目标整合教学内容，实现学生"课程教学—技能竞赛—企业考证"的相通培养。

第三节 "双证融通"的效果反思

目前，"双证融通"在我国多地、多校都已经进行了改革试点，推行效果良好，但是在此实践过程中也遇到一些困难和问题，值得反思和突破，从而加速"双证融通"制度更良性地运行。

第四章 "职业证书"在职业教育发展中的实践

1. 重构课程体系是"双证融通"的核心难点。

学历职业教育和职业资格证书制度都是以就业为导向，以能力为本位的。它们的区别在于学历职业教育以专业进行分类，遵循专业教学标准；职业资格证书制度以职业进行分类，遵循职业资格标准。学历职业教育与职业资格证书制度在职业、工种方面不是一一对应关系，一个专业包含了一个或几个甚至几十个工种。两者的考核考评也存在不同，职业资格证书制度的特征之一是标准参照考试，即以国家有关部门颁布的职业标准来命题；而作为一种学历职业教育，高职教育是以课程大纲要求为标准进行命题考试的，不具有国家标准意义的针对性和统一性。学生毕业时获得双证，首先必须要做的就是把课程体系进行重新构建，达到职业标准的要求。一所西部试点较为成功的院校领导表示，"高职教育与职业资格证书制度存在的不同，要求我们在探索'双证融通'办学模式时，必须要重新构建课程体系。"这是"双证融通"的最重要的内容，也是最大的难点[36]。

职业院校实施"双证融通"人才培养模式改革的关键集中在两点上，一是融通的设计，也即人才培养方案与职业资格证书制度的对应性和包含性，课程体系要重新组织和设计，要实现再造；二是融通的过程，也即学校要从培养目标、专业设置、教学模式、实训基地、师资队伍等诸多方面入手，精心实施双证融通的过程。[37]以岗位为核心、以能力为中心、以就业为导向，将职业资格证书制度考核的终结性考评转变为教学过程的形成性考评，将考核知识点融入教学大纲和每次的课程教学中。

职业院校各专业教学计划大都实行学时制，学生在三年时间内要完成 20 多门课程、2000 多学时的学习任务，学生只能按照学校的时间安排，围绕教学计划转，精力分散在三年的学习中，很难有时间来学习职业资格证书另外要求的知识。同时很多高职院校的很多专业，其教学课程的设计和安排，仍然是"三段式"，即公共课、专业基础课、专业课，这种模式的最大弊端是它的学术性和理论性课程占比较多，实践性课程比重少，而且很多学校由于实验实训条件的不满足，职业技能学习的时间难以保证，很难真正培养学生的职业技能。[38]职业技能鉴定的考核内容、考核方式以及大纲设计与课程教学计划之间存在很大差异，缺乏有效衔接，因此很多学生想获得职业资格证书还需要参加职业技能的培训，增加了学习负担。

"双证融通"将课程标准和职业标准有机结合，在专业培养方案中"嵌入"职业资格证书和技能证书的课程内容，目的是在不延长学制的情况下，学生可以获得职业资格证书和学历证书，突出职业教育特色。高水平的"镶嵌"是严丝合缝、不留痕迹的。职业资格证书和技能证书是某项学业达到一定水平的证明文件，把获得此类证书所要掌握的知识和技能要求"嵌入"到原有"专业培养方案"中成为这个"方案"的组成部分，使获得两种证书所要求的学习内容有机地"融合"在一个教学计划之中，这就叫作"双证融通"。这种课程内容的镶嵌过程需要对镶嵌的双方都做一定程度的改变，消除它们之间不必要的重复和累赘，是"融合"过程的重要任务之一，是使"融合"之后的课程内容结构得到优化从而提高教学效益和教学质量的必要条件。

2. 激励机制不健全、证书管理复杂、选择难

由于"双证融通"的试点改革主要集中在院校层面，院校层面上存在着缺乏系统规划设计的问题，尤其是激励机制缺乏，影响到了院校教师的参与积极性。尤其涉及课程改革是"双证融通"的核心环节，这样会使得一部分老师产生为难情绪，此外大量心血投入后缺乏合理的绩效分配和奖励性收入，也使得其动力不足。

除此之外，职业技能资格证书多种多样，缺乏证书间的通用性，这样使得高职院校学生选择职业资格证书时不知所向[38]。另外，我国的就业准入制度还不完善，很多职业虽然要求有职业证书，但是在实际情况中无证上岗也没有实际的影响。相反，持证上岗有时意味着企业要无形地增加人力成本，企业的不重视潜在地削弱了职业院校学生就业的市场竞争力。[27]这样的现实也使得学生在职业资格证书的获取上面临着动力不足、吸引力不大和选择困难等问题。

另外产教融合存在的"两张皮"现象,使得专业建设与产业需求间存在信息隔离和差距,专业人才培养方案与产业发展脱节、滞后;专业教师素质跟不上,使得书证的融合难度加大。

"双证融通"经过多年的建设,取得了长足的发展,对职业教育的促进作用也是显而易见的。在职业教育大发展的历史时期,发挥了巨大的作用。然而,其所表现出的问题也是明显的。而随着我国人力资源体系建设的不断完善,对技能人员的要求越来越具体和明确,单一的职业资格证书已经不能满足职业教育学习者的发展需要。在这样的大背景之下,伴随着"职教 20 条"为开启标志的新一轮职教改革,打通广义职业教育体系、促进职业教育自身发展和学习型社会的全面建设的职业技能等级证书制度,应运而生。

第五章

新时代职教改革中的职业技能等级证书

第五章　新时代职教改革中的职业技能等级证书

第一节　新时代职教改革的历史背景

随着我国进入新的发展阶段，产业升级和经济结构调整不断加快，各行各业对技术技能人才的需求越来越紧迫，职业教育重要地位和作用越来越凸显。随着我国从制造大国向制造强国转变、从大国制造向大国"智"造转变，需要大量掌握更尖端和前沿技术技能的高素质复合型产业人才。同时随着云技术、大数据、物联网、移动互联网、人工智能等新一代信息技术的不断发展和深入，工业生产也不再局限于车间、厂房，而开始实现了更广泛的场景和更多行业之间的跨界合作。

根据工信部公布的数据，"十三五"时期，我国工业增加值由23.5万亿元增加到31.3万亿元，在此期间中国制造业对世界制造业的比重接近30%。实际上，从2010年以来中国连续11年成为世界最大的制造业国家。"十三五"期间，中国制造业实现产业结构优化升级，创新能力显著增强。一是传统产业转型升级加速，绿色制造体系初步形成。二是战略性新兴产业加快发展，前沿领域不断取得新的突破。2020年，高技术制造业和装备制造业成为引领带动产业结构优化升级的重要力量。三是产业创新能力明显增强，一批关键技术和产品取得重大突破。

但是同时也应该清楚地看到，中国要成为制造业强国需要达到四个指标，规模大、质量效益好、结构优和可持续，就现阶段而言，仍存在着工业品质量仍需进一步提升、劳动生产率与发达国家相比仍有较大的差距的客观现实。

"十三五"期间，中国经济发展模式实现了从高速扩张发展到高质量发展的历史转型。"十四五"期间我国经济社会发展的主题是高质量发展，要实现从宏观、中观、微观层面上的全面的高质量发展，全面实现从规模扩张向更加注重质量、效率、效益的发展。"十四五"时期是我国进入全面建成小康社会后迈向全面建设社会主义现代化国家的新阶段，中央全面确立了创新、协调、绿色、开放、共享的新发展理念，以及构建国内大循环为主体、国内国际双循环相互促进的新发展格局。新基建、数字经济、乡村振兴……一系列新的战略布局都需要大量新型高素质人才作为支撑，没有人的现代化就没有社会的现代化、产业的现代化。推进经济的高质量发展，实现产业的转型升级，就需要我们劳动者素质的全面提升，需要大量充足的技术技能人才作为人力资源保障。数据显示，中国技能人才超过 2 亿人，高技能人才超过 5000 万人，但技能人才占就业人口总量仅为 26%，高技能人才仅占技能人才总量的 28%，与发达国家相比仍有较大差距。而且，由于我国的技能型社会建设相对滞后，对技能的鄙薄体现在方方面面，如技能人才的获得感不强、企业缺乏培训动力、技能人才的数量不足等。在这样的形势要求下，职业教育的人才培养模式必须加速创新与变革，从类型教育的定位、产教融合的根本属性、适应性等角度加快探索，强化职业技术教育的办学质量，为学生提供有质量的高水平教育，为企业和社会输送高质量的优质人才，为国家高质量发展提供教育力量。

产业的发展，归根结底是产业结构的发展、产业技术的发展和产业从业者的发展。而在这三个核心要素中，产业从业者的发展又对其他两个要素具有极强的引领和促进作用。作为我国现代化工业社会建设从业者的核心供给方，职业教育界面临着巨大的人才供给的挑战。这种挑战不但体现在数量上，更加体现在质量上。因此，想实现我国工业的转型升级，职业教育的升级成为重要的前提和基础。

职业教育承担着我国产业转型升级的人才供给的重任，而高等职业教育更是其中的核心中坚力量。高素质、复合型的技术技能人才是我国产业转型升级的重要基础。而在职业教育的过往发展中，尽管连续几轮的以项目制为主要形式的职业教育改革取得了一定的成绩和建设效果，办学条件、人员素质、人才培养模式、产教融合都取得了长足进展，但从整体的基本面来看，教学的硬件落后、师资队伍质量与结构有待优化、专业设置和课程设置滞后于行业企业发展需求等问题已经存在。相较学科教育为主的普通高等教育，职业教育具有内容更新快、条件要求高、与产业需求贴合更紧密等特点。这就要求职业院校需要时刻紧绷神经，紧跟产业发展，同时在师资队伍建设、资源条件建设、实践环境建设等方面保持较高的更新频率。而从现实情况来看，这些方面仍存在着明显的提升空间，需要长时间的持续投入和不断提升。

"职教20条"明确提出，经过5～10年时间，职业教育基本完成由政府举办为主向政府统筹管理、社会多元办学的格局转变，由追求规模扩张向提高质量转变，由参照普通教育办学模式向企业社会参与、专业特色鲜明的类型教育转变。职业教育作为类型教育的定位要实现真正的落实，就需要在办学模式上真正摆脱参照普通教育办学的历史惯性，独立探索出一条中国特色的职业教育发展道路。

我国职业教育，特别是高等职业教育领域，长期以来虽然投入力度巨大，但受制于历史原因、社会认识、财政投入等诸多因素影响，存在着一定程度的政策制度供给不足、建设支持不足、社会环境、质量评价体系、社会参与不足等因素。而从职业院校内部因素来看，如院校战略规划、基础设置、人才引进和管理政策、教学改革和创新支持体系、教育治理水平等，也将对院校质量的整体提升产生巨大影响。虽然在质量提升方面已经有部分职业教育院校形成了极强的竞争力，部分头部院校甚至可赶超相当数量的本科院校，但我国职业教育体系庞大，院校数量众多，在地区间、院校间存在着明显的发展不平衡的现象。将更多的院校纳入到质量提升行动范畴中来，促进我国职业教育质量的整体提升，这是我国职业教育发展必须要解决的问题。

除了产业转型升级这一核心因素外，我国职业教育同时也面临着诸多亟须破局的困境。例如，随着我国进入高等教育的普及化阶段，高等职业教育作为普通高等教育的替代地位在弱化；社会上对职业教育长久以来的偏见；"纵向贯通、横向融通"的现代职业教育体系尚未完全形成，学生的发展路径仍然受限等。在众多因素的影响下，同时又有我国产业转型升级、一系列的国家建设亟须大量高素质技术技能人才的大环境要求，职业教育改革不但成为自身发展的破局之路，更是引领和促进产业发展、实现我国工业强国之路的必然要求。在这样的背景之下，新时代的职业教育改革应运而生。

随着"十四五"时期的到来，我国教育事业发展也进入了新的历史时期。《中华人民共和国国民经济和社会发展第十四个五年规划和 2035 年远景目标纲要》中，再次将教育事业作为了社会重点建设和发展的核心领域，并将"增强职业技术教育适应性"作为建设高质量教育体系的重要途径和措施。在增强职业技术教育适应性一节的具体表述中，明确提出要"完善职业技术教育国家标准，推行'学历证书+职业技能等级证书'制度"。在"十三五"时期收官、"十四五"时期开局的重要时间点，"职教 20 条"为职业教育发展进行了基本的路径规划，而"职教 22 条"则为职业教育在"十四五"时期的持续高质量发展奠定了政策基础和基本方向。创新办学模式，深化产教融合、校企合作，鼓励企业举办高质量职业技术教育，探索中国特色学徒制，这些在"十四五"规划中明确提出的建设内容也将成为"十四五"时期我国职业教育改革发展的重点任务。而如何对这些任务进行具体落实，则成为了整个职业教育界需要重点探索和实际落地的重要内容。

在"十四五"时期职业教育实现大发展、产教融合要达到新高度的大背景之下，以"职教 22 条"为核心思路的职业教育改革浪潮，将"职教 20 条"所开启的新一轮职业教育改革推向了新的高潮。

第二节　新时代职教改革的重点项目

党的十八大以来，党中央以前所未有的重视程度、改革力度推动职业教育的发展，出台了我国新时代推进职业教育改革的纲领性文件——《国家职业教育改革实施方案》，描绘新时代职业教育的发展蓝图，宣告了职业教育大发展大改革的格局已经形成，为新时代的职业教育改革指明了方向、确立了目标、明晰了路径。而随着"十四五"时期的到来，以"职教 22 条"为核心依据的职业教育改革发展再次被提升到了前所未有的高度。当前的职业教育发展处于发展的最好历史时期，也是最迫切需要实现革命性转变的时期，需要在格局性变化的背景下继续推进改革的深入，全面解决困扰职业教育发展的根本性问题。

为落实好"职教 20 条"的具体建设任务，国家先后推动了"双高计划""高职百万大扩招""部省共建职教创新发展高地""提质培优行动计划"等重点项目建设。就影响力和建设内容而言，《教育部财政部关于实施中国特色高水平高职学校和专业建设计划的意见》是"职教 20 条"文件中针对高职院校建设的核心项目，是打造样板、建立示范的项目；而提质培优行动计划则是破解"职教 20 条"提出的其他核心问题和落实其他工作任务的执行文件，从某种程度上来讲，提质培优行动计划就是"职教 20 条"的实施细则。[39]

而在"十四五"时期，如何落实我国"十四五"规划中对于职业教育发展提出的目标和任务，是职业教育界最重要的命题。在这样的背景下，"职教 22 条"应运而生，系统性且具体地回答了"十四五"时期我国职业教育应该怎么做、需要做什么、做成什么样。"职教 22 条"明确提出，在"十四五"时期，"到 2025 年，职业教育类型特色更加鲜明，现代职业教育体系基本建成，技能型社会建设全面推进。办学格局更加优化，办学条件大幅改善，职业本科教育招生规模不低于高等职业教育招生规模的 10%，职业教育吸引力和培养质量显著提高"。而从更为长远的发展视角来看，"到 2035 年，职业教育整体水平进入世界前列，技能型社会基本建成。技术技能人才社会地位大幅提升，职业教育供给与经济社会发展需求高度匹配，在全面建设社会主义现代化国家中的作用显著增强"。

无论从对职业教育发展内容的预期高度和时间规划来看，"职教 22 条"都具有了高度的"十四五"规划特征。从这一角度而言,"职教22条"可以一定程度上被视作另一种版本的"职业教育'十四五'规划"。

推进职业教育类型化发展,巩固职业教育的类型定位,凸显职业教育的"职业性"和社会适应性,推进职业院校学生职业技能的提升、获得职业技能证书,是以"职教22条"为引领的新时期职业教育改革发展的题中之义,也是建构服务全民终身学习体系的重要内容。在"职教22条"中,明确将"加快构建服务全民终身学习的教育体系"作为重要内容,同时提出要"深入实施职业技能等级证书制度,完善认证管理办法,加强事中事后监管"。在这些内容中,以职业技能等级证书制度为代表的终身教育、终身学习体系的建设,得到了重点突出。

从"职教22条"内容本身看,有对于职业技能等级证书的直接阐述,即以直接性、任务性来促进职业技能等级证书制度在职业教育院校中更广泛的落地和实施,同时也有对职业技能等级证书的延伸作用——服务终身学习建设的直接要求。职业教育界服务终身学习建设的途径正是通过以职业技能等级证书为载体的全日制在校教育和更广泛的社会培训来实现的。因此,无论是对职业技能等级证书的直接阐述、对于国家学分银行建设的要求,还是对终身学习建设的相关预期,其最终目的,都是服务于我国学习型社会的建设,而其直接手段,则都是通过职业技能等级证书和与其直接相关的在校学生培养和社会培训来实现的。职业技能等级证书所涉及的学习内容,在学习行为上通过职业教育界(职业院校)实施的在校学生培养和更广泛的社会培训作为起点,在学习成果评价上以资历框架、学分银行学习成果认定为措施,在学习成果应用上以学分银行学分储存与转换为手段,打通了自学习到应用的全环节链条,从而实现学习行为的主动实施、效果认可和效果应用,进而促进我国终身学习教育体系的建设。而这一链条的打通,正是以职业技能等级证书为代表的多种培训和学习途径作为穿针引线的载体。

职业技能等级证书制度和国家学分银行建设是"双证融通"制度探索的进一

步深化和拓展，通过将证书的社会化，深化"三教"改革，促进校企合作，实现学历证书和职业技能等级证书的深层次融合。自 2019 年启动职业技能等级证书制度试点以来，教育部共遴选 300 个培训评价组织、447 个职业技能等级证书、100 多万人参加培训，起到了一定的成效，探索了一定的模式。从提质培优任务承接上来看，有 30 个省份投入 2510 万元支持职业教育"学分银行"建设，投入 80.68 亿元支持"推进'1+X'证书制度试点"任务建设。而结合国家学分银行的建设进入实质化阶段，学习者的学习成果的认定、积累和转换将以学分制的形式进一步融入职业技能证书中。

第三节　新时代职教改革的主要目标

过去的成就有目共睹，发展的挑战依旧还在。面向未来，职业教育的改革主要集中在两个方面。

第一，全面推进技能社会的构建，优化职业教育发展的环境。《2021 年中央政治局常委会工作要点》提出，构建服务技能型社会的教育体系。这是在新中国成立以来第一次以党中央、国务院名义召开的全国职业教育大会，讨论通过了主文件，提出建设"三全"为特点的技能教育体系，即（1）全生命周期，从启蒙教育到老年教育贯穿全生命周期；（2）全教育体系，把我们的家庭教育、学校教育和社会教育结果融进来；（3）全社会，技能教育对应技能型社会建设。技能社会的营造要充分发挥职业教育服务终身学习型社会构建的积极作用，破解"鄙薄技能"的深层次矛盾，深入改革技术技能人才的评价体系、改革用人选人的标准体系，使得技能成长与学习贯穿人学习工作的全过程。全国职业教育大会为新时期职业教育发展明确了基本思路和核心方向。

技能社会的建设需要更坚实的技能人才培养、更广泛的技能培训行为的实施。而学习型社会的建设更是一个需要全社会广泛参与、教育界牵头发力的全面建设行为。学习型社会的建设不仅要营造全民学习的社会氛围，更要有能够实现全民学习、终身学习的途径和措施。在这样的背景下，如何使更多的产业从业人员、有意愿继续学习的社会人员等群体有更灵活、更有效的学习途径和学习内容，则成为建设学习型社会的重要措施。而职业技能等级证书制度的实施，正是对解决这一问题的有益尝试。在职业技能等级证书的制度实施之下，在校学生、产业从业者等不同群体可根据自身兴趣或自身需要，以在校学习、社会培训、自主学习等不同形式，接受不同行业、不同应用领域、不同层次的教育和培训，这正符合了学习型社会的具体表现，同时也是对技能社会建设的积极促进。学习者可通过职业院校、社会培训组织等不同机构和途径接受技能训练，以学分银行的学分认定和存储、学分银行的转换等途径为平台，自主选择或获得直接的技能等级证书，或获得与其相对应的学历或其他形式证书，从而既能满足其学习成果的权威认定，又能够具有较为广泛的实用性和迁移性。这对我国学习型社会的建设和技术技能人才的培养所产生的益处，是可以得到明确预期的。

第二，充分对接我国产业发展需要，特别是服务于重点产业和人才紧缺产业的发展，助力和实现我国产业转型升级。"职教22条"中提出，要"为围绕国家重大战略，紧密对接产业升级和技术变革趋势"。在职业院校发展对这些产业的升级发展提供支持和服务的过程中，"双高计划"是引领示范，"提质培优行动计划"是具体项目，专业结构调整是基本方式，职业技能等级证书则是助力这些领域发展的直接举措。在教育部等四部门印发的《关于在院校实施职业技能等级证书制度试点方案》中，对于该制度的试点范围明确提出，要"面向现代农业、先进制造业、现代服务业、战略性新兴产业等20个技能人才紧缺领域"。在教育部职业技术教育中心研究所发布的《关于招募职业技能培训组织的公告》（即首批培训评价组织招募公告）中，明确以"母婴护理、老年服务与管理、家政服务与管理、烹调工艺与营养、物流管理、冷链物流技术、会计、农村电子商务、焊接技术与自动化、机电一体化技术、模具设计与制造（3D打印技术）、工业机器人应用、汽车运用与维修技术、新能源汽车技术、无人机应用技术、民航机场运行及安全、物联网应用技术、信息与通信技术、数控技术、建筑工程技术"作为重点领域。

从这些内容中可以看出，以"职教20条"和"职教22条"为代表的新时代职教改革以服务产业升级为重要目标，而职业技能等级证书制度更是以直接促进产业发展、提升人才紧缺产业的从业者技能水平为核心目的之一。相较"双高计划""提质培优行动计划"等新时代职教改革具体措施而言，职业技能等级证书制度的进一步落地，将对实现服务产业升级这一目标产生更直接的促进作用。

第三，完善纵向贯通、横向融通的职业教育体系，继续巩固职业教育类型教育的地位。在纵向贯通上，就是要构建中职—高职—职业本科—研究生完整的人才培养层次体系，继续巩固中职的基础地位、强化高职的主体地位、稳步推进本科层次职业教育试点。2019年启动本科层次职业教育试点以来，已经批准27所本科层次职业教育试点院校，打破了职业教育止步专业层次的"天花板"，为构建完整职业教育培养层次体系迈出了坚实的一步。相继出台了职业本科的学校设置标准、专业设置管理办法等文件，为规范和稳步推进职业本科的发展奠定了制度基础。

要实现纵向贯通就要实现职业教育的一体化发展，一体化发展既要实现学历上的一体化，更要实现标准、培养、评价的一体化；而在横向融通上，就要构建职业教育与普通教育、继续教育的有机衔接和融合发展的新机制。在现代国民教育体系的框架下，实现职业教育与普通教育的全方位的融通，从形式到内涵的融通，形成知识教育与技能教育的相互依赖、相互融合；在构建终身教育体系的大框架下，实现职业教育与继续教育的全方位对接，开辟终身教育发展的新境界。

而从职业教育体系的纵向贯通、横向融通的构建过程看，这仍然需要一定的媒介和措施。贯通的职业教育体系不是要单独建设，而是要实现职业教育受教育者的终身学习、产业从业者技能的不断提升，实现更紧密的联系。从这一角度而言，职业技能等级证书制度正是实现纵向贯通、横向融通的职业教育体系构建的重要举措。职业技能等级证书自身分为初、中、高三个等级，一般对应中等职业学校、专科层次职业学校和本科及以上应用型院校的学历层次。而这三个等级的学习和考核内容是一体化设计、具有纵向连贯性和发展性的。这也就天然地将同一领域的中职教育、高职教育和本科层次职业教育连接在了一起。而从职业技能等级证书的成果认定上，其所依托的职业教育国家学分银行对其进行的学习成果认定、学分存储和学分转换，能够实现技能证书、专业课程乃至学历证书之间的相互转化，这种转换又同时在初、中、高三个等级同时发生，这也就从侧面尝试了职业教育、普通教育和继续教育三者之间的破壁与融合，从而促进职业教育横向融通的发展。从这一角度而言，职业技能等级证书制度的实施，亦是对职业教育体系建设本身的一种积极探索和尝试，将对新时代职业教育改革，特别是其中的职业教育体系建设，产生重要和深远的影响。

第六章

职业技能等级证书与国家资历框架基础

第六章 职业技能等级证书与国家资历框架基础

新时代的职业教育改革正如火如荼。在过去的二十年里,从示范校建设、骨干校建设,到后来的优质校建设和现在的"双高"校建设,各项重大建设项目无一不在从各个角度促进和提升着职业教育的发展质量和发展水平。从最初的示范校建设时期强调办学实力、管理水平、办学效益,到骨干校建设时期强化合作办学、师资队伍、质量保障,再到优质校建设时期聚焦院校定位、专业特色,直到现在的"双高"校建设时期追求中国特色、国际引领,这些目标都在强化着职业教育特别是高职院校不断提升自身影响力,通过职业教育和高等教育的双重属性,以期服务地方、引领社会。而这种引领,是直接通过包括校企合作、产教融合、社会培训、实践创新等方面作用于社会大众的。

但是,职业教育的使命不仅于此。职业教育不仅需要强化自身,更需要通过辐射引领,提升全社会人力资源劳动技能水平。这是职业教育的根本要义所在。从另一个角度讲,职业教育也需要通过一种更具有社会广泛性的体系,来将自己的价值实现对外输出。这种输出,最终需要体现在通过某种形式建立起社会统一的评价体系,进而实现技能教育在全社会范围内的全维度、全周期应用。而这种形式,或称之为体系,就是资历框架。

第一节 学习型社会的内在要求

资历框架,亦称学习成果框架,是根据知识、技能和能力要求构建的一个连续的、被认可的资历阶梯。它由等级和等级描述(即对达到该等级所应具备的知识、技能和能力的描述)共同组成,是一种便于对各类资历进行统一分级和管理的架构设计,本质上是一个标准体系或制度体系。资历框架可以提供一个协调、整合、可比较的资历系统,形成各层次教育的知识、技能和能力的统一评价标准,保证各级各类教育的质量,促进个人的终身学习,进行学分的累积和转换。

我国对于资历框架的研究和政策要求几乎是随着终身学习理论一同发生和兴起的。早在 2010 年发布的《国家中长期教育改革和发展规划纲要（2010—2020 年）》和《关于开展国家教育体制改革试点的通知》就曾提出，要"建立学习成果认证体系"和"建立学分银行制度"。彼时，虽然政策中没有明确提出"资历框架"的明确概念，但作为资历框架落地的重要途径和应用形式，学习成果认证体系和学分银行制度可以认为是资历框架运行的根本特征。随后，2016 年发布的《国民经济和社会发展第十三个五年规划纲要》、2017 年发布的《国家教育事业发展"十三五"规划纲要》中都明确提出要"制定国家资历框架"。资历框架的制定自此正式进入到我国高级别政策文件中。与资历框架有关的相关概念与内容，例如学习成果认证体系、学分银行、学习成果转换、认证单元等概念，成为了教育界重点研究和探讨的热点之一。

实际上，我国在资历框架方面的研究已经稍显落后于国际同类经验。国际范围内，对资历框架的研究乃至实际运行，大概可追溯至 20 世纪 80 年代。随着百余个国家和地区基于自身小范围内的资历框架的运行经验，2008 年，欧盟基于辖区内 30 多个国家和地区的区域性资历框架，推出欧盟范围内统一的资历框架级别，供区域内成员参考，并同时实行辖区内不同地区的资历框架对接和学分互认。与欧盟类似，东盟也于 2014 年 3 月最终完成了资历参照框架，供马来西亚、菲律宾、新加坡、泰国、缅甸、印度尼西亚、文莱等已有一定范围内资历框架的国家和地区参照使用，并在欧盟的支持下实现了与欧盟资历框架的对接。

在我国，资历框架的研究仍多处于学术研究阶段。其中尤以国家开放大学所做的研究较为深入。目前，国家开放大学已经以学术研究的形式，参考欧盟、东盟、新西兰、中国香港地区等在资历框架方面积累的经验，对资历框架、学分银行、学分认证体系等进行了积极的探索和尝试，研制出了学习成果框架（即资历框架）、学分银行制度架构、学分认证服务体系、500 余个认证单元等，为资历框架和学分银行的正式推行奠定了良好的基础。除国家开放大学外，上海市、广东省、云南省和江苏省也在资历框架方面作出了积极的努力。例如广东省研制了地方性的资历框架，上海市建立了终身教育学分银行并制订了一批学习成果认定及学分转换规则等。这些都对我国的资历框架的设立积累了宝贵的经验。

到底什么是资历框架呢？从概念上讲，资历框架是一套标准体系，是知识、技能和能力的统一评价标准。它为不同形式、不同领域的学习成果提供了统一的比较的基础。通俗来讲，我们常说高级工程师和副教授大概是相近水平的，在学术上具有类似的权威性、在实践中具有相近的高水平。为什么呢？因为二者都是副高级职称。这里的"副高级"实际上就是一种资历框架的具象化表现形式。高级工程师和副教授，一个是工程实践领域，一个是学术领域，二者原本关联度不高，但在职称体系的连结下，二者具有了可以比较的同一基础，并且对应同一级别和水平，也就自然而然地近似甚至等同了。

但资历框架和学习型社会有什么关系呢？为什么说资历框架的开发是职业教育发展的重要途径和必经之路呢？

首先我们要明确的是，职业教育从狭义上来讲是由中职院校、高职院校、应用型本科院校和技工学校等若干院校群体构成的教育体系，但从广义上来说，职业教育是一种行为，是一种为掌握技能或能力而进行的学习行为，包括从业者的继续教育、社会人力资本的培训与再学习。从这一角度而言，职业教育不以获取学历或学位为目标，而以掌握技能且达到相应水平为方向。而在学习者完成基本的常规在校学习后或因某些原因无法进行在校学习时，需要通过某种方式进行继续教育和持续学习。但其学习成果通过何种方式来评定呢？学习成果又达到了什么样的水平呢？这种学习成果水平的评定如果仅通过培训机构的规则，那么评定结果是难以实现区域性流动的。在这种情况下，只有通过一个能够约束不同地区、不同行业、不同内容的基本规则的认定，方能实现学习成果的广泛性认可。

在学习型社会背景下，全民学习和终身学习是基本建设目标。而全民学习和终身学习势必无法仅通过正规学历教育完成，还包括继续教育、无一定形式学习、自主学习等方式。学习型社会并不强调学习形式，而强调学习过程和学习结果。那么在这种情况，灵活形式学习的结果评价就成为了学习型社会的基本构成要素。而这种符合不同学习形式、不同学习内容的学习结果评价方式，必须具有广泛适用性和基础性，且能够满足全社会范围内的共同需要。这种评价可以、也只能通过国家层面的共同标准来完成。而这种标准，正是国家资历框架。

国家资历框架的制订可以参考区域性经验，也需要以前期的学术研究成果作为基础，但最终是要通过法律形式上升为国家意志，即需要以立法的形式将资历框架的合法性加以确立，方能最终成为学习型社会的基础。而学习型社会的建设，也最终必须要通过国家资历框架来加以促进和提升。没有资历框架，学习者的学习行为仅仅是行为，或仅能够通过权威性和有效性有限的形式得到确认。而资历框架的存在，将为学习者的终身学习提供长期的、稳定的、具有广泛社会认可度的学习成果评定体系，同时学习者在学习过程中也可根据自身实际情况或使用需要，有目的和有选择地进行特定内容学习。国家资历框架的制订将从学习过程和学习结果两个方面共同促进学习者的终身学习行为的发生。从这个意义上讲，资历框架的制订，也就自然而然地成为了学习型社会的内在要求和建设基础。

第二节 人力资本开发的必然选择

职业教育的改革不只为了职业教育，更是一种对全社会技能水平的提升行动。根据教育部公布的统计公报数据显示，"十三五"时期，我国新增劳动力平均受教育年限已从 2015 年的 13.3 年水平提升到 2020 年的 13.8 年水平，其中受过高等教育的比例从 42.5%提升至 53.5%。2020 年，全国各类高等教育在学总规模 4183 万人，比上年增加 181 万人。高等教育毛入学率 54.4%，比上年增加 2.8 个百分点。从教育角度而言，我国高等教育的"大众化、普及化"目标已经基本完成，高等教育已从过去的精英化教育逐步发展为了普及化教育。这在教育领域是一个巨大的进步。

但我们同时也需要看到的是，在新增劳动力中，仍有近半数尚未接受过任何形式的高等教育，更不必提存量劳动力中数量庞大的基础教育完成者。而在我国"十四五"建设时期，数字化建设是重要方向。数字化建设对于社会劳动力的要求已不再停留在完成基础教育即可，需要劳动力掌握更先进、更高级的生产方式和生产技能。这也就意味着，对于劳动力或人力资本的持续教育，将成为"十四五"时期我国教育领域和人力资本领域的重要命题。从国家经济发展角度看，单纯地完成教育并不能够成为经济发展的动力，劳动力需要将其所接受的教育转化为能够促进经济发展水平提升的技能或生产力水平，才能够真正实现教育的现实作用。换言之，国家更加需要的是，努力在人力资源全局下提升教育水平或技能水平，而非仅针对新劳动力或常规教育体系内部。因此，如何对全社会人力资源进行技能水平开发成为教育界必须解决的问题。

教育与人力资源有着天然的密不可分的关系，职业教育更是人力资源开发的基本手段和措施之一。通过职业教育所开展的常规学习和社会培训，可以有效地将基本教育和职业培训有机联系在一起，使二者形成一个统一的整体。随着我国人口年龄结构的不断增长，人口红利已不如曾经那般丰厚，在人力资源端，现有人力资源迫切需要通过提升技能水平来同时满足我国"十四五"时期数字化建设需要和老龄化社会带来的人力资本挑战。而人力资本技能提升，也必然需要通过一定的规则和标准来进行。在职业教育端，学习者可以在资历框架背景下进行有效学习，同样地，人力资源开发端，劳动力也可以同样的形式完成自身的水平提升。国家资历框架并非针对教育界而设立，更不是只为职业教育而制定，国家资历框架最终是要满足于全社会的使用需要。这也就意味着，在人力资本发展这一视角下，国家资历框架同样能够发挥基础和核心作用。

基于国家资历框架的人力资本开发，其最终目的并非为人力资本评等定级，而是要通过资历框架这一等级标准，持续性地引导劳动力进行技能提升，实现全员学习、终身学习，通过对劳动力学习行为的刺激和激励，不断提升其技能水平，从而满足我国新时期经济建设的基本需要。国家资历框架的制订将有助于解决我国人力资本未来可能出现的局限性和结构性风险，从国家行为层面进一步对人力资本效用的发挥产生积极影响。

第三节　职业教育发展的核心方向

国家资历框架的制订，不仅是学习型社会的内在要求、人力资本开发的必然选择，同时也是职业教育发展的核心方向。职业教育的特殊属性决定了其所发挥的作用绝不仅限于教育体系内部，更是对全社会人力资源水平提升的一种巨大促进和辅助。即便单纯分析职业教育本身，其也带有着强烈的行业属性。当我们探讨职业教育时，一直以来都在强调要"强化产教融合、校企合作"，其核心原因就在于，脱离了产业实际的职业教育，将会极大地削弱其行业属性，职业教育将不再"职业"。

中山大学前校长、我国著名教育家黄达人先生曾经对职业教育有这样的描述："职业教育从本质上来讲，是建立在职业资格证书基础上的技术技能人才培养。……现代职业教育体系采用的是职业资格框架。由此带来职业教育和普通教育在教学模式上的差异：职业教育是先有职业资格证书，然后有相应的学习包，再通过教学单位进行工学结合、校企合作的教学，最后才是职业资格证书与学历的对接和融通。如果反过来，想通过学历提升来提高职业教育吸引力，可能会本末倒置，迎合了社会上对于'学历'的偏好，反而失去了职业教育的特点。我们认为，职业教育不能办成升学教育，职业学校不能靠升格来谋发展，学生不能只靠学历提升来谋前途。不能用普通教育标准来举办、组织和衡量职业教育。职业教育当然有学历教育的部分，但是一味强调从学历提升的角度构建现代职业教育体系，只会使得职业教育在'重学历'的泥潭里越陷越深。职业教育本不应该是学历导向，却因为学历问题遭到社会的歧视。"

这段文字足可以引起我们对于职业教育的思考。不得不承认，我国现行的职业教育体系，特别是高等职业教育体系，存在着一定程度的概念混淆的情况。高等教育和职业教育本是两种不同的分类形式，一种是教育的层次表述，一种是教育的内容表述。而对于教育类型的区分，更应注重其内容而非层次。也就是说，高等职业教育首先应是职业教育，其次才是职业教育中的"高等"层次。教育类型没有天然优劣，教育层次却天然地存在着差异。当教育类型同时引入了教育层次概念后，教育层次往往容易占据更加主导的位置、更加吸引当事者和旁观者的注意。而我国现行的职业教育体系"断头"的现象，也很大程度上导致了"职业教育是学生考不上更好学校之时的无奈之举"这样的社会认识。

如果从职业教育本身出发，由于其自身属性并不在于培养通识型人才，而是培养具有具体职业方向的技术技能型人才，因此判定职业教育受教育者水平时，首先应确定的是其职业方向或技术技能方向，其次才是技术技能水平。所以黄达人先生才会有"职业教育从本质上来讲，是建立在职业资格证书基础上的技术技能人才培养"的论述。职业教育需要先有职业资格证书或类似形式的内容来进行方向或职业判定，然后才是对其水平的考查。脱离了职业方向的水平判定也就丧失了职业教育原本应具有的基本属性。

而我国现行的职业教育体系的"断头"现象，职业教育受教育者完成专科层次教育后，就已不再有常规形态下的继续接受更高级别教育的途径，只能通过非常规形式的学习，或转向普通教育形态，来接受更高层次的教育提升。这对职业教育而言是一种巨大的限制。虽然我国在"双高计划"和其他职业教育改革措施中已经在尝试建立本科乃至更高层次的职业教育体系，但这种尝试在短期内难以大范围扩展，能够成功升格为本科层次的职业教育学校毕竟还是少数，无法承载职业教育如此庞大的体量。在这样的环境下，如何在保持职业教育根本特性的基础上，能够对职业教育受教育者进行更高层次的培养和认定，就成为了职业教育必须要解决的问题。

短期来看，职业教育界可以通过院校升格来进行破局。但长期来看，仍然需要通过国家层面的统一规划来实现长远发展。职业教育是与普通教育（严格来说应称其为学术教育或通识教育）相并行的体系，而不是低人一头的被迫选择。职业教育想要真正实现与普通教育的同等效用，就必须完成与现行普通教育体系的基本对应。这除了需要职业院校自身的提升外，更需要国家层面的统一规划。普通教育有专科层次、本科层次、硕士研究生、博士研究生，职业教育也需要有能够与其对应的体系架构。这种架构需要以国家意志为基础，而这种国家意志正是国家资历框架。

国家资历框架的制订，不仅能够打通职业教育与普通教育相对应的问题，更能够将职业教育链接到更广泛的社会评价体系当中，职业教育一直以来所强调的"产教融合、校企合作"也就能够更容易地实现。在国家资历框架的规范之下，企业端在进行人力资本开发和判定时，可以通过资历框架的等级标准进行判定过程的简化和效率提升，而职业教育端依托资历框架为基础所进行的职业资历和职业技能的培养，也将能够和产业实际需要进行更准确的对接。

在职业教育领域，最初目的就是培养技术技能人才，职业性才是其根本属性。在发展路上出现了方向偏颇不可怕，回归本分、回归初心就好。职业教育回到在职业资格证书（或其他职业技能方向及水平的体现途径）基础上的技术技能人才培养，才是未来职业教育发展的核心要义。对职业教育而言，学历层次更多是辅助，职业性才是根本。而链接职业教育根本属性，打通职业教育与普通教育、职业教育与非常规学习方式之间核心纽带的，就是国家资历框架。因此，国家资历框架的制订与实施，将成为新时期职业教育破局和新发展的核心方向。

第七章

职业技能等级证书制度的内涵及院校探索

第七章 职业技能等级证书制度的内涵及院校探索

第一节 职业技能等级证书制度的实践原型

职业教育是国民教育体系和人力资源开发的重要组成部分，肩负着培养多样化人才、传承技术技能、促进就业创业的重要职责。为完善职业教育和培训体系，深化产教融合、校企合作，加快构建职业教育高水平人才培养体系，《国家职业教育改革实施方案》的颁布明确启动职业技能等级证书制度试点工作，旨在通过育训结合，书证融通，真正培养出产业急需的复合型高质量技术技能人才。深圳职业技术学院（"深职院"）与华为技术有限公司（"华为"）联合完成的《深职院-华为培养信息通信技术技能人才"课证共生共长"模式研制与实践》，即"课证共生共长"教学成果，为职业教育开展职业技能等级证书制度探索提供了有益启示和重要经验。

一、"课证共生共长"人才培养模式的基本内涵

"课证共生共长"模式是深职院与华为协同育人、精准服务信息通信技术（即ICT）产业发展需求的人才培养模式。其基本内涵如下。

1. 课证互嵌共生、互动共长

"课"是指深职院的信息通信技术类专业、课程及教学，"证"是指华为认证，是华为集先进技术、工程案例、课程资源和企业文化的职业标准，它不仅表明持证者具备技术应用能力，而且表明持证者具有良好的职业素养和职业精神。深职院与华为联合，将企业原本面向在岗工程师的认证融入高职专业人才培养中，校企共建专业、共建课程、共育人才，成功实现了课程开发与证书标准"互嵌共生"。而且，随着产业技术的进步，以及华为认证标准的不断升级，深职院课程体系亦同步更新并反哺认证体系，同时将成功经验辐射至其他高职院校，达

到课程升级和证书升级的"互动共长"。

2. "三分"课程体系，个性化学习灵活

"三分"课程体系，首先是"分段"，将培养过程划分为公共基础课程（1-2学期）、专业基础课（2-3学期）和认证课程（4-6学期）三个阶段。其次是"分类"，将培养方向根据华为认证划分为传输、数通、云计算、移动等不同类别。最后是"分层"，将培养规格按照华为认证层次，分为初级（HCNA）、中级（HCNP）和高级（HCIE），并在每一方向类别开发了分级的模块化、阶梯化课程。"三分"课程体系的构建，为学生提供了多样化选择的课程套餐。这样让学生的学习目标明确，可根据自身爱好、基础和学习能力，灵活选择学习课程，循序渐进考取华为不同类别不同层次证书。

3. 校企强强联手，学生低进高出

自深职院与华为合作开始，至近年来建立了华为信息与网络技术学院，这期间"课证共生共长"人才培养模式日趋完善。这个过程累计培养了 5000 多名毕业生，近 60%的学生在校期间通过了华为各级认证。70 名左右学生在校通过华为顶级认证 HCIE（即华为认证互联网专家）。目前深职院学生的华为认证通过数量为全国之首，占全球 HCIE 总数的 1.2%。通过华为认证的学生，无论综合素质还是职业素养均明显优于同期入职的毕业生，就业薪酬显著提高。以深圳讯方技术有限公司为例，对于有 HCNA 认证的员工薪酬较无证书者每月高出近千元，而对有 HCIE 认证的员工薪酬是无证书者的 2.5 倍。

二、"课证共生共长"教学成果的应用价值及意义

"课证共生共长"教学成果的应用价值及意义如下。

（1）从本质上回答了教育的首要问题。信息通信是我国重点发展产业，华为作为全球领先的 ICT 企业，迫切希望为客户提供统一、规范的技术服务，其职

业认证是全技术领域认证的标准，其技术服务需要由通过认证的工程师来提供，院校学生也期望通过华为认证进入华为体系工作。深职院正是应对以上需求，预测并布局相关专业，与 ICT 龙头企业合作，将顶级认证体系进行适应性改造，然后融入课程开发过程中。

在应用过程中，从专业定位上明确了"为谁培养人"，从培养规格上界定了"培养什么人"，从育人过程中落实了"怎样培养人"，形成了特色鲜明的 ICT 技术技能型人才培养模式。该人才培养模式将教育链、人才链与产业链、创新链有机衔接，有力地推进了人力资源供给侧与需求侧结构要素全方位对接，对全面提高职业教育教学质量、促进就业创业、推进经济转型升级、培育经济发展新动能均具有重要意义。

（2）突破了产教融合的机制瓶颈，形成校企合作、互利共赢的长效合作机制。长期以来，高职院校办学由于缺少企业有效参与和行业先进技术引入，导致毕业生适岗能力差、入职后发展后劲不足，人才供给侧和需求侧不能完全适应。"课证共生共长"教学成果以高质量人才培养为核心，抓住"学校课程"与"企业认证"这两个关键点，使人才供给侧与需求侧互联互通，从供需两端相向发力，达到了产教深度融合、校企协同育人的效果。学校教学质量和声誉获得了提升，企业高端紧缺人才需求得到了满足，学生不仅获得了学历，也同时获得了企业工程师认证，实现了"双重身份"。学生毕业后即可进入企业工程技术人员体系，成为"来了就能上岗"的员工，为企业节省了大量的培训时间和成本，从而实现学校、企业及学生的"三赢"。深职院不断深化产教融合，完善校企合作体制机制，改革管理制度和教学方式，华为公司不断丰富企业认证人才培养方案，双方互利共赢，共生共长。

（3）提供了工学结合、知行合一、精准育人的人才培养范式。深职院与华为充分发挥地缘优势、文化优势乃至发展优势，强强联手，校企精准对接、精准育人，在深职院原有的课程体系中引入华为实战项目和优秀企业文化，形成了课证融合的"三分"课程体系，成功地将企业原本面向社会在岗工程师的认证融入高职人才培养方案中，构建了适合零基础在校生的学习方案。从七个方面培养学生职业能力，包括应用分析能力、产品技能、协议理解深度、逻辑思维能力、网络故障诊断能力、网络架构设计能力、项目组织能力等。

同时，注重培养学生的进取精神和创新意识。"课证共生共长"教学成果在人才培养的"起点"上提升了培养目标的针对性，使产教融合、校企合作落到实处。在人才培养的"过程"中，组建了华为信息与网络技术学院，发挥产业学院的纽带作用，使课程内容紧密对接职业标准，教学过程紧密对接生产过程。在工学结合、知行合一的职业教育教学原则指导下，通过课堂、实训、实践、认证、在线、反思、案例等方式组织教学。在人才培养的"结果"上，推动学生双证书毕业，学历证书与职业资历证书紧密对接，不仅为深职院培养了一批优秀毕业生，而且为ICT产业链培养了一批高端技术技能人才。

三、从"课证共生共长"到职业技能等级证书制度

"课证共生共长"教学成果是实行职业技能等级证书制度的典型范例，为职业技能等级证书制度设计提供了宝贵经验。具体表现如下：

（1）职业技能等级证书颁证主体可以是多元的，包括政府机构、行业协会、龙头企业、大型企业、机构联合以及国外机构等。这些机构颁发的证书应是业内公认的且具有权威性的。由于主体多元，则必须由国家规定的专门部门牵头认定其资质，否则鱼龙混杂，就会失去发证的意义。

（2）职业技能等级证书必须依照职业标准组织开发的职业能力标准而制定，并按职业能力高低分层分级。职业技能等级证书必须准确反映职业活动和个人职业生涯发展所需的综合能力，因此它是工作胜任力的证明，属于职业资历证书。职业技能等级证书的"含金量"决定其实用性和推广价值，若名不副实，证书就

会形同虚设。据此，可以直接植入现有职业资历证书，如华为认证等，也可以开发具有代表性的职业技能等级证书，如数控技术职业技能等级证书等。

（3）学历与职业资历对接，就理论上而言，某个层次的专业学历证书可与多类多层次职业资历证书对接，即一个学历证书对应多个职业资历证书，反之即是一个职业资历证书对应多个学历证书。但实际上，并非证书越多越好，尤其是职业技能等级证书必须根据专业及其对应的职业实际情况进行明确和调控，如我国香港职业训练局基于终身教育资历框架体系所颁发的文凭证书，就将学历和资历有机地统一在一个证书之下。而由于内地的国家资历框架还不够健全，加之地域辽阔、区域发展不均衡，迫切需要通过多个证书来证明职业院校毕业生的能力水平。

四、若干职业技能等级证书制度实践路径

实行职业技能等级证书制度能够充分发挥企业的重要办学主体作用，推动职业院校建立产教融合、校企合作的育人机制，促进工学结合、知行合一、精准育人，通过育训结合、书证融通，真正培养出经济社会发展和产业转型升级急需的高质量人才。

1. 深化专业群和课程体系建设

职业技能等级证书制度试点意味着职业院校的培养目标已由技术技能型人才向复合型技术技能人才转变，培养复合型技术技能人才必须要有一个新的载体，这一载体主要就是专业群。专业群要担负培养复合型技术技能人才的重任，必须做到三个对接：

（1）专业群应与产业集群或产业链对接。专业群的存在是有条件的，其中最为核心的就是当地产业集群的形成，如果当地还没有形成产业集群或还没有形成产业集群的趋势，组建专业群也就失去了意义。

（2）专业群内的每个专业都应该与具体的工种或特定职业岗位对接，且这一工种或职业岗位在区域内隶属于支柱产业、新兴产业或高新技术产业，这样就将专业与产业、学生培养目标与职业技能等级证书的职业标准有机结合起来。

（3）专业群教学标准与职业技能等级证书教学标准对接。专业群教学标准不是各专业教学标准的简单组合，而是在各专业教学标准的基础上根据专业群教学目标、兼顾职业技能等级证书教学标准后的重新制订，以保证专业群教学标准与职业技能等级证书教学标准的有机融合。

另外，课程体系建设做到"两统整"。①以专业群为单位统筹课程。随着专业群建设的快速推进，打破以专业为单位的课程壁垒，构建起以专业群为单位的课程体系势在必行。这种专业群课程体系遵循"底层共享、中层分立、高层互选"的构建原则，采用"扩两头、缩中间"的策略，形成拓展能力进阶式课程架构。②以职业技能等级证书为单位统整课程。将职业技能等级证书的职业技能标准、教学标准与专业群内的相应课程教学标准关联，尤其是充分利用专业群中的"拓展课程菜单"，将"拓展课程菜单"中与职业技能等级标准密切相关、内容基本重合或覆盖的课程设计为"课证融合"课程。

2. 加快课证融通教学方式变革

职业技能等级证书制度试点并不需要另起炉灶、只需要进一步优化现代学徒制的实现形式，进一步强化工作过程导向，将职业技能等级证书的教学要求与企业的真实项目相融合，使企业真实项目成为职业技能等级证书教学的有效载体。还要进一步优化"双师"（教师与师傅）教学，实现双师同时在场、一主一辅、一人主教一人主训的教学模式，一人主教项目产品标准与工艺、一人主训学生的技能操作与规范，这样不仅有效发展了学校教师和企业师傅的长处，也促成了理论和实践的有机融合。同时，将职业技能等级证书教学与现有专业课教学有机结合，实现课证融通。并将职业技能等级证书的教学标准与专业课程教学标准相对照，进而保持专业教学的体系性和完整性。

3. 全面开展产教深度融合

全面加强产教深度融合是职业技能等级证书制度的重要抓手。职业院校根据职业技能等级证书制度的要求，主动与当地特色行业、企业全面开展深度合作，可共同制定人才培养方案、开发课程、制定职业技能鉴定标准等。积极引导行业企业主动参与职业技能等级证书的开发认定，把行业、企业所需的最新知识、技术技能融入人才培养方案中。学校利用重点实验室、科研队伍等优势资源为行业、企业提供技术与人才支撑，做到校企协同育人、合作共赢。

4. 职业技能竞赛是职业院校贯彻落实职业技能等级证书制度的重要载体

通过职业技能竞赛，职业院校可以了解学生掌握知识技能的程度，了解行业、企业对人才的需求，从而进行有针对性的教育教学改革，确保学校与企业、专业设置与职业岗位、课程教材与职业标准、教学过程与生产过程的深度对接与融合。尤其是职业院校通过职业技能竞赛，能让学生在实践操作中展示专业知识与能力，从而发现人才培养标准与职业标准的差距，制订更加科学合理的职业技能等级证书制度实施细则，引导学生获得满足经济社会发展需求的相应证书，提升职业教育对社会的贡献度，同时提高学生的专业技能水平，使其与社会需求实现有效对接，增强学生的就业创业能力。

5. 做好试点成效的反馈与评价

试点是在体制机制尚不完备、措施策略尚不明朗、效果难以准确预见的情况下采取的"探路"之举，过程中必然会出现一系列的问题，需要及时加以纠正。这就需要建立一种过程性的数据收集、分析、反馈机制，同时全面评估，实证成效，建立纵向对比、持续追踪和横向对照、全面评估的机制。

纵向对比、持续追踪机制就是建立每一个试点学生的学习档案，分析比较每个学生的纵向学习曲线变化，追踪每个学生的就业情况及职业生涯发展情况并进行测验作对照，借以判断职业技能等级证书制度试点对学生发展的影响，辅之以各类对象的问卷、访谈，以相对客观的数据评价学生因职业技能等级证书制度试点而发生的变化，这无疑需要一个相对长的时间周期。

横向对照、全面评估机制，就是将试点班级的学生与非试点班级的学生在现有的评价指标体系内进行横向比较，通过方差分析，借以评估两者的差异和变化。

综上所述，"课证共生共长"教学成果对我国职业教育职业技能等级证书制度实行具有重要的借鉴意义和推动作用。职业技能等级证书制度的实践路径是深化复合型技术技能人才培养模式改革的重要举措，对培养德智体美劳全面发展的社会主义建设者和接班人，构建更高水平的职业教育人才培养体系，建立健全我国职业标准乃至资历框架，建设终身教育体系、搭建人才成长的"立交桥"具有重要意义。

第二节 职业技能等级证书的战略定位

一、职业技能等级证书制度的精髓

职业技能等级证书制度是国家职业教育制度设计的重大创新，是一种将职业技能等级证书与学历证书相互融通，推进人才培养模式和评价模式改革的制度设计。通过社会化机制招募遴选培训评价组织，开发职业技能等级标准、教材和教学资源并实施考核发证，是一种新的机制设计，对突出职业教育的类型定位、深化职业教育教学改革、提升职业教育服务经济社会发展的能力具有重要意义。"学历证书"是基础，"若干职业技能等级证书"是补充、强化和拓展。学历证书和职业技能等级证书不是两个并行的证书体系，而是两种证书相互衔接和相互融通。书证相互衔接融通是职业技能等级证书制度的精髓所在，这种衔接融通主要体现在：

（1）职业技能等级标准与各个层次职业教育的专业教学标准相互对接。这种对接是由学历证书与职业技能等级证书的关系决定的。学历证书是学生可持续发展的基础，职业技能等级证书作为学历证书的补充、强化和拓展，不同等级的职业技能标准应与不同教育阶段学历职业教育的培养目标和专业核心课程的学习目标相对应，保持培养目标和教学要求的一致性。

（2）职业技能等级证书的培训内容与专业人才培养方案的课程内容相互融合。由于职业技能等级证书针对院校在校学生，学生在校期间的学习时间是有限的，职业技能等级证书的职业技能培训不是要独立于专业教学之外再设计一套培养培训体系和课程体系，而是要将其培训内容有机融入学历教育专业人才培养方案。学历教育的专业课程能涵盖职业技能等级证书职业技能培训内容的，就不再单独另设职业技能等级证书培训；专业课程未涵盖的培训内容，则通过职业技能培训模块加以补充、强化和拓展。

（3）职业技能等级证书培训过程与学历教育专业教学过程统筹组织、同步实施。由于职业技能等级证书培训内容与学历教育的专业课程有机融合，因此，职业技能等级证书培训和专业教学可以统筹安排教学内容、教学和实践场所、教学组织形式，统筹确定教学时间，统筹安排师资，从而实现职业技能等级证书培训与专业教学过程的一体化。

（4）职业技能等级证书的职业技能考核与学历教育专业课程考试统筹安排，同步考试与评价。职业技能等级标准与专业教学标准的对应、职业技能等级证书培训内容与学历教育专业课程的融合、培训过程与专业教学过程的统筹安排，为实现职业技能等级证书职业技能考核与学历教育专业课程考试的统筹安排、同步考试评价奠定了基础，也为实现职业教育教考分离、考培分离提供了条件。

（5）学历证书与职业技能等级证书体现了学习成果相互转换。获得学历证书的学生在参加相应的职业技能等级证书考试时，可免试部分内容；获得职业技能等级证书继续申请高一阶段学历教育的学生，及获得职业技能等级证书的社会成员，在按规定程序进入院校接受相关专业学历教育时，可按规定兑换学历教育的学分，免修相应课程或模块。学历证书与职业技能等级证书的互通互换，为构建国家资历框架奠定了基础。

二、职业技能等级证书制度的创新设计

职业技能等级证书制度设计的一大创新体现是用社会化机制公开招募并择优遴选培训评价组织。这一机制设计契合了政府"放管服"改革的总体部署，有利于更进一步发挥市场机制在资源配置和质量提升中的作用，有利于提高职业技能等级证书制度的效率。具体表现如下。

1. 社会化的培训评价组织

职业技能水平评价相关工作由培训评价组织实施，培训评价组织作为"职业技能等级证书及标准的建设主体，对证书质量、声誉负总责"。但谁是培训评价组织的主体，目前还有不同的认识。根据"职教 20 条"的相关要求，培训评价组织是面向社会公开招募遴选的，而不是由教育行政主管部门自己或者下属机构承担相应职能的，也不是直接委托特定机构来成为自己的代言人的。因此，培训评价组织应该是社会化的、能对证书质量和声誉负总责、能承担相应法律责任具有独立法人地位的机构。从其工作职责来看，培训评价组织应同时具备以下条件或特征：

（1）培训评价组织应该具有开发职业技能等级标准的能力，这就要求培训评价组织应熟悉某一职业技能领域所属行业生产或服务的新技术、产业的新业态、劳动生产方式的新变化、工作岗位对技术技能的新要求，熟悉行业相关技术标准和职业标准并具备开发或参与开发相关标准的经验等。因此，具有行业背景是培训评价组织的重要条件和特征。

（2）培训评价组织要开发教材和学习资源，必须掌握教育教学规律，熟悉课

程开发和教学过程的原理和方法，了解教学基本组织形式以及教学改革发展的实际，这就要求培训评价组织应该具有相关职业教育或培训的经验和基础。

（3）开展考核发证，需要具备如考核站点、考核题库、信息平台、考核专家队伍等基础条件并能对证书的声誉负责。这就决定了培训评价组织应具有考核评价机构属性。

正是基于培训评价组织的上述职责与特性，行业组织、教育机构、评价机构任何一方都无法全面承担起培训评价组织的职责，培训评价组织应该是一种集行业组织、教育机构、评价机构的属性于一体的多功能组织，这种机构应该成为行业组织、教育机构、评价机构的"经济代理人"，具备凝聚行业企业、院校和考核评价机构力量的能力。这是一种新型的、今后应该培育和发展的社会评价组织。

2．建立社会化机制

深化政府"放管服"改革，正确处理政府与市场关系，发挥市场在职业技能等级证书制度建设中的作用，通过社会化、市场化机制招募遴选并做大做强培训评价组织，是重要的机制设计创新。通过向社会发布招募公告，由社会评价组织自主申报，择优遴选出能够开发职业技能等级标准、开发教材和教学资源、建设考核站点并实施考核发证的培训评价组织，建立培训评价组织、职业技能等级证书等目录清单，这是一种全新的、不同于以往职业技能证书管理体系的运行机制，具有新的特点：

（1）自主性。培训评价组织开发的职业技能等级证书是否为社会认可，由用人单位、学生、学校说了算，职业技能等级证书不能作为学生毕业的条件，也不能作为就业的资格准入条件。对培训评价组织及其开发的职业技能等级证书，由用人单位、学生和院校自主选择。

（2）动态性。科技发展日新月异、产业不断呈现新业态、生产和劳动组织方式不断变化，职业技能等级标准必须不断更新，职业技能等级证书必须不断调整，培训评价组织必然会不断更替。顺应这一变化的新环境，应建立培训评价组织及其职业技能等级证书目录清单制度并建立动态调整和退出机制。退出的形式包括主动退出、自然退出和强制退出。主动退出即由培训评价组织主动提出退出；自然退出是指培训评价组织不能及时更新标准，证书含金量不高，报考人员不多，经过评估之后需要退出；强制退出是指违反法律法规或弄虚作假产生不良影响的，被强制退出，强制退出的培训评价组织将被列入黑名单。

（3）开放性。向社会公开招募遴选培训评价组织，只要符合相关条件，社会评价组织均可以自主申报成为职业教育培训评价组织；只要培训评价组织有充分理由证明开发的职业技能等级证书有设立的必要性并且可行、社会广泛认可，培训评价组织均可申请，经过遴选程序进入目录清单并自主开展考核发证。

（4）竞争性。培训评价组织招募遴选遵循非排他性原则和竞争性原则，一个机构可以开发多个职业技能等级证书，一个职业技能等级证书也可由多家机构开发或者联合开发，培训评价组织和证书不具排他性，多家机构在公平环境下开展竞争，优胜劣汰。竞争性的机制也决定了培训评价组织必须是具有法人地位、能自由竞争的市场主体。

三、职业技能等级证书的使命

职业技能等级证书制度是构建中国特色职业教育发展模式的一项重大制度创新。职业技能等级证书制度的实施，必将助推职业教育改革走向深入。

（1）职业技能等级证书制度将学历证书与职业技能等级证书相互融通，将职业技能等级标准与专业教学标准有机衔接，将职业技能等级证书的培训内容与专业课程的教学内容有机融合，将职业技能培训与专业教学过程统筹组织实施，将职业技能考核与专业课程考试统筹安排、同步考试评价，有利于院校及时将职业技能等级证书反映的新技术、新工艺、新规范、新要求融入人才培养过程，有利于倒逼院校主动适应科技发展新趋势和就业市场新需求，不断深化"三教"改革，提高职业教育适应经济社会发展需求的能力。

（2）职业技能等级证书制度的实施将有利于进一步完善职业教育与培训体系，有力促进职业院校坚持学历教育与培训并举，明确办学方向，深化人才培养模式和评价模式改革，更好地服务经济社会发展。有利于激发社会力量参与职业教育的内生动力，充分调动社会力量举办职业教育的积极性，有利于推进产教融合、校企合作育人机制的不断丰富和完善，形成职业教育的多元办学格局。

（3）职业技能等级证书制度必将带来教育教学管理模式的变革，模块化教学、学分制、弹性学制等人才培养模式和教学管理制度必将在试点工作中涌现出来，这些新的变化必将对职业教育现行办学模式和教育教学管理模式产生重大挑战和严重冲击。

（4）职业技能等级证书制度实现了职业技能等级标准制订、教材和学习资源开发、评价考核与证书发放由第三方机构实施，教考分离，有利于对人才客观评价，更有利于科学评价职业院校的办学质量。

第三节　职业技能等级证书制度的院校参与

职业技能等级证书制度试点工作是一项重大的教育改革举措，高职院校在推进此类工作时，一方面需要充分发挥学历证书的价值作用，为学生开辟更为广阔的发展空间；另一方面也应当积极鼓励学生提升自身的专业素养，更多地取得其他类型的职业技能等级证书，实现自身的全面发展。

1. 高职院校应当制订科学的人才培养方案和路径

每一所高职院校都有其职业定位，在推进职业技能等级证书制度试点工作的过程中，高职院校应当立足于自身的实际情况做好人才培养的总体设计，将专业教学规划与职业技能培训进行有机的融合，让学生在在校学习阶段就能够了解与职业技能相关的等级标准、考核内容、考核方式等信息，同时将培养目标、培养规格、培养定位进行重新规划梳理，开拓职业教育培养培训的新路径。以浙江机电职业技术学院智能制造专业群为例，该校努力探索和实践职业技能等级证书制度的生态构建，实践"双层次多方向＋课证融通"人才培养方案，实施技术技能双层次，开设新技术、特色技能和复合技能等多个专业方向，对应多个职业技能等级开发了模块化课程（包含职业素养、知识和技能），按工学结合、知行合一、精准育人的理念逐步将职业技能证书课程融入各专业课程体系中，完善了全学程的考核评价标准。学生毕业时在取得学历证书的同时，也取得 1～3 个职业技能证书，它既反映持证者具备技术知识和技能经验的应用能力，也反映其具有规范的职业素养和职业精神，为后期的就业打下坚实的基础。

2. 积极开展社会培训，争取地方政府支持

职业院校要育训并举，切实履行学历教育与培训并重的法定职责，在面向在校学生开展学历教育与培训的同时，积极开展面向全体社会成员的职业培训，为校园和职场之间灵活转换提供更加便捷的通道，让更多劳动者凭借一技之长实现人生价值。开展高质量职业培训既是职业院校履职的必然要求，也是职业院校服务能力的重要体现，同时培训还是政校合作的重要交会点，是地方政府向职业院校购买公共服务的重要领域。做好社会培训服务既是地方政府年度工作目标之一，也是地方政府切实履行好发展职业教育主体责任、完善支持政策、促进职业教育融入区域经济社会发展的重要抓手。因此，试点院校应当积极争取当地政府部门的支持，在试点宣传、社会受训人员组织渠道、专项经费等方面获得支持。如金华市政府为推进高技能人才培养，2020 年出台了相关政策，对在校生和企业员工获取相关证书给予政策支持，培训者、受训者可获得不同标准的政府奖补。

金华职业技术学院也在成教学院下面设立专门的管理社会培训的部门，配备人员，协调全校社会培训的教学资源，建立完善的社会培训管理制度，如教学管理制度、培训考核制度、培训教师管理制度、培训档案管理制度等，使之做到有章可循，有规可依。在培训工作中依照制度和规则，为培训学员和培训教师服务，对培训内容组织、培训学员考勤、考核管理、教师授课质量和培训合格证书发放等各个环节进行严格管理。

3. 加强实训基地建设，提升其在职业技能等级证书制度中的关键作用

实训基地是职业院校开展实践教学、培养技能型人才的主要场所，基本功能包括教学、培训、鉴定，扩展功能则包括生产、科研、技术服务等，与之具有类似功能的还有实训平台、工程训练中心等。实训基地在建设和运行过程中，与社会、企业、行业、政府之间有着天然联系，这种特点正契合了职业技能等级证书制度的要求，在实施职业技能等级证书制度中起着关键性作用。为了加强学生的实践和职业技能训练，实训基地往往相对独立于院校的二级学院。这种相对独立管理的特点正好满足了保证职业技能等级证书培训质量的关键性要求：

（1）可以依托实训基地构建职业技能等级证书选择指导体系。通过选择指导体系，引导学生和社会人员根据自己的兴趣、发展方向、专业基础来合理选择职业技能等级证书培训项目和课程，提升学生和社会人员参加职业技能等级证书培训的目的性、主动性。

（2）可以构建独立的职业技能等级证书培训全过程评价机制，避免学历证书评价机制的干扰。实训基地可以在证书遴选和退出、培训质量保证机制、证书考核和发放上建立独立的评级机制，在社会化环境下实现行、企、校、政全过程的联合评价，确保职业技能等级证书培训的开放性、竞争性、自主性和动态性。

（3）可以建设相对独立的师资队伍和管理制度。实训基地可以根据职业技能等级证书培训内容和标准确定相应的队伍结构、人员培训方式和标准、资格认定

标准和聘任制度、绩效考核制度等，建立自己的师资队伍，确保充足的时间和精力来研究和实践职业技能等级证书教学理念和方法，确保职业技能等级证书培训质量；更可以采用灵活机制，引聘来自行业、企业的高技能和高素质人才担任职业技能等级证书培训教师，克服院校师资队伍结构来源单一的缺点。如深圳职业技术学院在实训基地师资队伍建设过程中，着重加强了团队带头人培养。团队带头人通过加强职业技能等级证书制度理念的研究和学习，准确把握试点工作的背景与意义、职业技能等级证书及标准的内涵与要求，能够带领实训基地教学团队做好"学历证书"与"职业技能等级证书"衔接、职业技能等级证书实训项目体系的顶层设计。专、兼职教师要参加职业技能等级证书有关师资培训并获得相应资格认证，定期参加相关素质提升培训项目，积极开展教师、教材、教法"三教"改革研究，不断提高教学、培训和考评能力。

总之，职业技能等级证书制度试点工作是新时期高职院校教育工作开展的新方向，高职院校需要在充分认识试点工作的本质与意义的基础之上，寻求推进职业技能等级证书制度试点工作的有效路径，从而切实提高高职院校的教育水平，提升学生的就业能力。

第八章

职业技能等级证书制度的实施路径与经验

第八章　职业技能等级证书制度的实施路径与经验

第一节　职业技能等级证书实施的现有方法

随着我国职业技能等级证书试点工作的不断深入，职业技能等级证书试点工作所涉及的相关主体已经取得了一定的经验。在这项纷繁复杂的工作中，虽然职业教育界是项目推进过程中的核心力量，但其所涉及的主体是多样化的。其中尤以培训评价组织、试点院校所承担的探索工作最为繁重。而在这两个主体中，培训评价组织又直接起着主导性作用。职业技能等级证书试点工作具体内容的第一次正式亮相在教育部等四部门联合印发的《关于在院校实施职业技能等级证书制度试点方案》中，对于培训评价组织是这样描述的：

"培训评价组织作为职业技能等级证书及标准的建设主体，对证书质量、声誉负总责，主要职责包括标准开发、教材和学习资源开发、考核站点建设、考核颁证等，并协助试点院校实施证书培训。按照在已成熟的品牌中遴选一批、在成长中的品牌中培育一批、在有关评价证书缺失的领域中规划准备一批的原则，面向实施职业技能水平评价相关工作的社会评价组织，以社会化机制公开招募并择优遴选参与试点。"

从这段描述中可以看出，培训评价组织是职业技能等级证书及标准的核心负责方，其主要职责集中于证书考核和发放的全流程工作，而非支持性工作。培训评价组织的培育工作也成为职业技能等级证书试点工作推进的重要一环。

一、培训评价组织的申请与需开展的活动

截至 2020 年年底，教育部已正式公布 4 批总计 471 种职业技能等级证书、368 家培训评价组织。其中第一批、第二批可被视作初步尝试，两批仅有 15 家培训评价组织的 16 个职业技能等级证书获批。而第三批、第四批获批范围逐渐

扩大，这两批累计获批证书超过 450 种、培训评价组织超过 350 个。

《关于招募职业技能培训组织的公告》中明确提出，要将"母婴护理、老年服务与管理、家政服务与管理、烹调工艺与营养、物流管理、冷链物流技术、会计、农村电子商务、焊接技术与自动化、机电一体化技术、模具设计与制造（3D 打印技术）、工业机器人应用、汽车运用与维修技术、新能源汽车技术、无人机应用技术、民航机场运行及安全、物联网应用技术、信息与通信技术、数控技术、建筑工程技术等"作为招募培训评价组织和开发职业技能等级证书的重点领域。《关于持续招募职业教育培训评价组织的公告》更是将重点领域精简到"现代农业、智能制造、高端装备、新一代信息技术、生物医药、节能环保、新能源、新材料、数字创意、现代交通运输等急需产业领域，养老、家政、托幼、健康、旅游等社会服务领域，以及技术技能人才紧缺的其他领域"这一范围。

从两份招募公告中所列举的重点领域范围可以发现，培训评价组织的选取范围应在行业发展蓬勃、技术技能人才需求量较大且人才紧缺、具有较大发展潜力和前景的行业范围内进行择优选取。而从目前所公布的四批共 368 家培训评价组织中，其所在行业及领域正是围绕着这些重点领域而遴选的。

在实际进入申请程序后，申请机构需要提供明确的申请材料，这些材料主要包括《职业教育培训评价组织申报表》、本单位依法设立的许可证（企业营业执照或事业单位法人证书等）复印件、近 5 年的年审或信用记录复印件等常规性合规证明材料，同时也包括所申报领域有关职业技能等级标准，开发该证书的必要性和可行性论证报告，龙头企业、优质企业的论证推荐意见，行业企业权威专家的论证推荐意见，还需提供培训指导方案、考核大纲、题库样例、教材、网络学习资源、专家教师团队等培训资源，现有考核站点清单、培训站点清单、有关管理制度、协议文本、证书样本等支撑性材料。

在这些申请所需材料中，职业技能等级标准是最为重要也是最为核心的材料，也是开发过程最漫长、论证程序最严格的材料。申请机构需组织权威专家、行业龙头、相关院校等组织和人员进行充分论证并制订完整、详细的技能等级标准。而培训指导方案、考核大纲、题库、教材、学习资源等，都需依据所开发的职业技能等级标准进行针对性设计开发。因而，科学合理的职业技能等级标准是开发配套内容的前提和基础。

完成申请工作并最终获批后，培训评价组织的资格即已完成获取。然而，这并不意味着工作的结束，而是职业技能等级证书实施工作的开始。在职业技能等级证书正式实施后，培训评价组织仍需对师资培训、考点建设、证书考核等工作进行持续性建设，并对参与试点的院校提供进一步支持。

在持续性建设方面，培训评价组织需提前研判考核规模，制订师资培训方案并实施师资培训，完善考核站点在专业设备、管理团队、办公场地、人员配置、应急预案等方面的建设并对考核站点进行考核和遴选，制订详细的考核方案及考核题库，深度开发学习资源等。

在院校支持方面，培训评价组织需通过培训、研讨等形式，协助学校相关专业完成职业技能等级考试内容融入专业人才培养方案的相关工作，并对院校实施职业技能等级考试培训提供相应支持。

同时，作为国家资历框架和学分银行建设的重要领域，培训评价组织需要与学分银行保持紧密联系，对职业技能等级考核内容进行详细整理，通过既定规则，完成学分入库管理，并对通过考核人员的考核结果实现与学分银行的对接。

除教育系统外，人社系统也同步开展了关于职业技能等级制度和社会培训评价组织建设的相关工作。2018年年底，人社部职业技能鉴定中心和中国就业培训技术指导中心联合发布了《关于征集第三方评价机构的通告》（以下简称《通告》），正式开启了人社系统中的培训评价组织建设工作。《通告》面向20个职业共 51 个工种开展第三方评价机构职业技能等级认定试点工作，实行"自主申报、集中审核、动态调整"的工作机制。申报工作主要面向我国境内依法登记、以人才培养评价服务为主要工作职责的企业或社会培训评价组织开展，且申请机构须具备 6 年以上人才评价工作经历和累计 5 万人次以上的培训评价规模。2019 年 12 月，首批职业技能等级认定第三方评价机构名单正式发布，共 11 个培训评价组织入选，面向 26 个职业（工种）开展培训评价工作。此后，人社部职业技能鉴定中心和中国就业培训技术指导中心再次于 2020 年 2 月发布《关于持续征集社会培训评价组织的通告》，同时将此项工作扩展到各省级人力资源和社会保障部门共同开展。如申请机构有意在本省范围内开展职业技能等级认定工作，亦可根据本省内发布的征集通告，向省级人力资源和社会保障部门进行申报。山西省、重庆市、天津市等地区均陆续开展了本区域内的社会培训评价组织的征集工作。

人社系统内的培训评价组织招募和审核工作与教育系统内相关模式较为类似，所需具备的条件和申请所需材料也具有一定相似性。例如，人社系统内申报工作也须经过申请、评估、备案、公布四个程序，在申请所需材料上，须准备职业技能等级认定工作实施方案，开展评价相关工作的管理制度、表单样本和质量管控措施，专职工作人员和专家团队、考评员、质量督导员等人员信息及相应技能水平证明，场地设备设施等资产有效证明文件和信息化建设情况说明等材料。但与教育系统所开展形式有所不同的是，人社系统更多偏向于向已有职业和工种所需技能开展培训评价工作，所遴选的培训评价组织均有专门的职业或工种面向，而在教育系统内则无此特定要求。

二、试点院校的主要工作

作为职业技能等级证书工作中的另一重要主体，试点院校也同样承担着重要的探索任务。《关于在院校实施职业技能等级证书制度试点方案》中明确提出，

"院校是'1+X'证书制度试点的实施主体"。这也就意味着,培训评价组织所做的几乎所有内容,最终都是要通过广义上的院校来进行落地和执行的。需要注意的是,这里的"院校"并非单纯指我们常规认识下的高职院校,而是包括了中等职业学校(中职学校)、高等职业院校(高职院校)、本科层次职业教育试点院校、应用型本科高校和国家开放大学等广义的职业院校,甚至要进一步包括社会上开展职业培训的相关机构和组织。当然,就目前的实际执行而言,为保证相关政策的落地有效性和可控性,目前的实施主体仍然以中职学校、高职院校、本科层次职业教育试点院校,即行政管理体制下由教育部职业教育和成人教育司直接或间接管理的院校主体为主。

对于这些职业院校而言,在职业技能等级证书工作中又需要承担哪些具体任务呢?《关于在院校实施职业技能等级证书制度试点方案》中是这样说的:

"试点院校要根据职业技能等级标准和专业教学标准要求,将证书培训内容有机融入专业人才培养方案,优化课程设置和教学内容,统筹教学组织与实施,深化教学方式方法改革,提高人才培养的灵活性、适应性、针对性。试点院校可以通过培训、评价使学生获得职业技能等级证书,也可探索将相关专业课程考试与职业技能等级考核统筹安排,同步考试(评价),获得学历证书相应学分和职业技能等级证书。深化校企合作,坚持工学结合,充分利用院校和企业场所、资源,与评价组织协同实施教学、培训。加强对有关领域校企合作项目与试点工作的统筹。"

从这段文字中可以看到,参与职业技能等级证书工作试点的院校,其首要任务是要通过院校本手工作来作为切入点,有机融入专业人才培养方案,根据职业技能等级标准相关内容进行培养方案中课程体系及课程教学内容的相应调整,将职业技能等级考核内容与专业课程考试进行有机融合甚至合二为一等。诸如此类内容都是职业院校一直以来所熟悉和擅长的工作内容和工作形式,只是其难点转移到了如何使二者的内容实现有机的整合,难点在于内容而非形式。

除了形式上熟悉、内容上存在一定难度的人才培养方案调整外，职业院校在职业技能等级证书制度工作中还承担着另一项使命。在本书第二章中曾经讨论过，职业技能等级证书工作并非单纯针对职业院校开展，其深层次目的是构建学习型社会、培养全体国民终身学习意识和能力的一项重要举措。所以仅在院校内部实施职业技能等级证书工作的具体内容显然是不够的。对此，《关于在院校实施职业技能等级证书制度试点方案》（以下简称《试点方案》）同时也提出了职业院校所需要承担的另一项重要工作内容：

"试点院校要结合职业技能等级证书培训要求和相关专业建设，改善实训条件，盘活教学资源，提高培训能力，积极开展高质量培训。根据社会、市场和学生技能考证需要，对专业课程未涵盖的内容或需要特别强化的实训，组织开展专门培训。试点院校在面向本校学生开展培训的同时，积极为社会成员提供培训服务。社会成员自主选择证书类别、等级，在试点院校内、外进行培训。新入校园证书必须通过遴选渠道，已取消的职业资格证书不得再引入。教育行政部门、院校要建立健全进入院校内的各类证书的质量保障机制，杜绝乱培训、滥发证，保障学生权益，有关工作另行安排。"

仔细品味这段文字，我们可以画出这样几个有意思的重点。首先，试点院校进行职业技能等级证书相关内容培训的对象，不仅仅是本校学生，更是需要面向社会大众。科研、教学、社会服务是大学的三大基本职能，具体到高等职业教育领域时社会服务职能也就自然而然地成为面向社会成员的技能培训。因此，职业技能等级证书工作不但是一项具体工作，更是对职业教育自身属性的一次强化。其次，职业技能等级标准中相关内容并非替代原有教学内容，而是要同原有专业教学内容进行交叉比对，对缺失内容进行补充或强化培训。这同时有"不能用职业技能等级证书替代培养方案内容"和"根据实际需要进行针对性强化"两个含义。这不但是对职业教育专业人才培养核心地位的强化，同时也是对职业技能等级证书的影响范围进行约束。

结合《试点方案》中对于试点院校相关工作要求的内容表述，我们不难看出，立足"本手"、服务社会是《试点方案》对参与职业技能等级证书试点工作院校及专业的基本要求和期待。其中，对专业人才培养方案的实际调整和修订以及对不同群体的培训方案、培训内容、培训方式等的设计，是试点院校必须经历且发挥核心作用的过程。

三、培训评价组织和试点院校的实际工作开展

事实上，在《试点方案》公布之前，相关机构就已经开展了具体工作。职业技能等级证书试点工作在高级别政策文件中第一次正式出现是在 2019 年年初的《国家职业教育改革实施方案》（简称"职教 20 条"）中，而第一批培训评价组织的招募工作，则已于 2018 年秋季启动。根据中国职业教育与成人教育网公布的信息，教育部职业技术教育中心研究所受教育部职业教育与成人教育司委托，于 2018 年 9 月 30 日发布了《关于招募职业技能培训组织的公告》，面向全社会公开招募符合条件的培训评价组织参与职业技能等级证书试点工作。职业技能等级证书试点工作的正式落地，就此拉开帷幕。

以首批参与职业技能等级证书试点工作的培训评价组织中科建筑产业化创新研究中心（简称"廊坊中科"）为例。廊坊中科凭借其所申报的"建筑信息模型（BIM）职业技能等级标准"成功入选首批培训评价组织。彼时，院校对于职业技能等级证书制度相关工作尚不甚熟悉和了解，廊坊中科相关工作多以内部研究论证为主。而在"职教 20 条"和"双高计划"连续发布之后，职业技能等级证书工作迅速推进，廊坊中科亦于 2019 年 4 月 24 日在河南郑州召开了首次职业技能等级证书建筑信息模型（BIM）职业技能等级证书制度试点工作说明会。作为首批职业技能等级证书，这次说明会受到了众多开设有建筑类相关专业院校的高度关注，且受制于参会人数限制，相当数量的学校及专业无法到现场参会，因而廊坊中科于不久后举办了第二次工作说明会。这也从侧面印证了培训评价组织、

职业院校间对这项工作的配合之密切。

随后，廊坊中科密切且持续性地推进着 BIM 证书落地的相关工作。2019 年 5 月发布首次师资培训研讨会通知（后延期举办），7 月启动培训教材编写人员征集工作，9 月完成 BIM 证书的首次考核，2020 年 3 月发布 BIM 职业技能等级证书模拟考试系统，7—8 月在多个省份专门举办了服务对应省份的 BIM 证书师资培训班，包括陕西省、浙江省、江苏省、上海市、湖北省、福建省、云南省等。

值得一提的是，BIM 证书的考试及发证工作走在了第一批职业技能等级证书的前列。2019 年 9 月 22 日，BIM 证书首次试点考试工作顺利完成，共有 702 人参与考试，其中 288 人成功获取了 BIM 证书。这也是职业技能等级证书试点工作中颁发的首批证书，其中证书编号为 00001 号的证书格外显眼。这次发布会相关新闻在教育部官网上亦有报道。

在院校方面，相关工作也在同步推进着。如前文所述，在院校端，学校和专业的核心工作是将职业技能等级证书标准相关内容融入专业人才培养方案，并面向众多不同群体开展高质量的职业培训。而这两项内容中，标准内容有机融入专业人才培养方案又是难度较大的一项。在实际过程中，按照标准要求，对培养方案原有内容中的哪些内容进行固化、哪些内容进行改造、哪些内容进行新增，成了众多高校探索的重点环节。为此，众多建筑类相关专业对其专业人才培养方案进行了重新设计。例如广西某高职院校研创了"ONE BIM"模式，其核心思想是"固化一批、植入一批、新增一批"。为此，该校建筑类专业群设计了"ONE BIM 植入课程"和"ONE BIM 独立课程"两个模块，系统梳理了职业技能等级标准中那些在原培养方案中已有体现但不充分的内容和原培养方案中暂无明确对应环节的内容，对原有课程进行改造后形成植入课程，并新增设了部分其他课程，以实现对 BIM 职业技能等级标准的全覆盖。

河北某高职院校也做出了类似动作。该校建筑工程技术专业群根据模块化课程的相关理论与实践，将 BIM 职业技能等级标准中初、中、高级内容进行了分解与重组，并将 BIM 职业技能等级标准中不同专业方向的内容与专业群现有专业方向进行了对应，在专业群课程层面，分别设置了群共选基础课、群限选课程、群方向互选课程和专业拓展课程等若干模块。通过这种模块化课程的设置，不但满足了"底层共享、中层分立、高层互选"的模块化课程基本要求，更是通过对课程的具体设置，实现了对 BIM 职业技能等级标准中初、中、高级内容以及不同专业方向内容的有机结合。

不仅这两所较为典型的院校，几乎所有的参与职业技能等级证书试点工作的院校和专业都对自身的人才培养方案进行了一定程度的调整。虽然各校经验不同、效果也有一定差别，但整体而言，这已经成为了院校端对职业技能等级证书工作落地而积累下来的宝贵经验。这些内容也在不同的职业技能等级证书宣贯会、师资培训会等场合作为典型案例进行了推广，以期能够引起更多院校的关注和参与，为院校端整体在职业技能等级证书试点工作上的探索提供助力。

四、职业技能等级证书实施的一般路径

结合职业技能等级证书试点工作开展以来的各方经验，可以对职业技能等级证书试点工作的基本路径按照工作主体总结为以下两部分。

1. 培训评价组织

培训评价组织负责开发职业技能等级标准、制订考核形式及考核内容、制订试点院校及考点等遴选规则、组织参考人员报名及考试、对职业院校或其他培训机构提供师资培训等内容。

其中，居于核心地位的是对于职业技能等级标准的开发。一套完整的职业技能等级开发流程可大体分为六个步骤，具体内容如下：

（1）组建开发团队。由行业权威专家，龙头、优质企业管理和技术骨干、高

技能人才，院校专业带头人或教学创新团队成员、骨干教师以及职业教育领域的专家学者等，行业企业专家原则上不少于三分之二，且专家能满足能力和资历要求。

（2）前期调研与资料收集。开发团队需要深入分析产业和行业发展、人才培养现状与个体生涯发展对该职业技能的需求，以及开发有关职业技能等级标准的必要性和可行性。通过调研收集相关资料，形成初步预期，并为职业技能等级标准的最终形成提供多方面支撑。

（3）确定职业技能领域和职业技能等级证书名称。确定的职业技能领域应基于有关工作基础，进一步聚焦和反映产业、行业发展趋势和要求；采用"名词+动词"的形式对职业技能等级证书命名，并清晰反映证书持有者具备的职业技能或能胜任的职业活动。

（4）确定职业技能等级证书范围。清晰界定职业技能等级证书的范围，聚焦完成某个职业岗位或职业岗位群关键工作领域的典型工作任务所需要的职业技能。职业技能等级证书的每一级别学习培训内容，原则上以不超过8学分为宜。

（5）划分职业技能等级。职业技能等级分为初级、中级、高级三个等级，一般应依次递进，高级别涵盖低级别职业技能要求。等级划分依据应明确、清晰，易于理解和操作。应与学历教育层次相衔接，与职业岗位层级相对应，与技术复杂程度和技能熟练程度相适应。

（6）开发职业技能等级标准。职业技能等级标准内容要与证书名称相符。职业技能应体现工作任务的内容，其开发要以职业及工作任务分析为前提，避免传统的学科知识分析。需要进行三级分析，第一级分析工作领域，第二级分析工作任务，第三级分析职业技能要求。

2. 试点院校

试点院校在职业技能等级证书工作中主要承担职业技能内容的培训工作。这种培训既包括对职业院校常规学生的培训，也包括对外提供的社会培训。因此，职业院校应重点根据职业技能等级标准内容进行课程设计，针对不同学习群体的具体特点，设计具有针对性的培训方案，并积极提供技能培训。特别是针对职业院校在校生群体，需要选择适合本专业的职业技能等级标准，并根据职业技能等级标准的内容进行专业人才培养方案的调整和修订，即"标准入课"的过程，实现"课证融通"。

实现职业技能等级证书内容入课首先需要根据职业技能等级证书标准内容对现有课程体系进行详细梳理。在进行详细的拆解和分析后，课与证的内容对应关系可能出现以下三种情况：已完全覆盖并能达到要求，能够部分覆盖但尚有内容缺失，和现有课程内容暂未涉及。

针对这三种主要情况，可以将职业技能等级证书入课的基本步骤主要分为三步，可以归纳为对标、调整和新增。

（1）对标：详细梳理现有课程体系中，明确已能够实现覆盖所选择的职业技能等级证书要求内容的课程内容；

（2）调整：在详细梳理现有课程内容后，调整基本能够对接职业技能等级证书要求内容，但尚未实现完全满足的课程内容；

（3）新增：在详细梳理现有课程内容后，增设现有课程体系中无法满足职业技能等级证书要求内容的课程（内容）。

其中，针对调整和新增的内容，既可以选择对原有课程的适当改造，也可以选择开设新的专业课程。具体采用哪种方式，需要根据学校及专业的实际情况和改造工作量等维度综合考虑。但在具体选择对哪门课程进行改造时，应重点考虑需要改造的内容的适用范围。如所调整内容属于大多数学生都应掌握的内容（如初级标准内容），则应主要通过日常教学和必修课实现；如所调整内容属于特定群体的进阶需求，则可考虑通过选修课、方向课或专门培训的形式加以补充。

在完成证书内容入课后，则需对课程的教学（培训）方案进行系统性设计，包括标准要求融入课程目标、根据课程目标调整教学内容、根据教学内容制定理论与实践结合的教学方法和选择合适方式进行教学评价。

比较教育系统中对职业技能等级证书制度的实施方法，人社系统的建设重点与教育系统略有区别。受到自身主要管理领域等多种因素的影响，人社系统对职业技能等级证书制度的建设和管理更多关注于培训评价机构的遴选和组织上。2020 年 4 月，人社部发布《关于印发〈职业技能等级认定工作规程（试行）〉的通知》，明确规定了职业技能等级认定的范围和依据、用人单位和社会培训评价组织的遴选、职业技能等级认定的组织实施等方面的相关内容。在职业技能等级认定的组织实施方面，同时通过用人单位和社会培训评价组织两类主体开展职业技能等级认定工作。其中，用人单位对本单位职工进行自主评价，且符合条件的用人单位可按规定对其他用人单位和社会人员提供职业技能等级评价服务；而社会培训评价组织则按照市场化、社会化、专业化原则面向社会开展职业技能等级认定。而从职业技能等级认定的范围和依据方面来看，职业技能等级认定的职业或工种主要为我国现行职业分类大典中所列的技能类职业（工种），且技能等级一般分为初级工（五级）、中级工（四级）、高级工（三级）、技师（二级）和高级技师（一级）五个级别。这与教育系统中所实行的一般由初级、中级和高级三个等级构成的职业技能等级有所区别。同时，在教育系统中，社会培训评价组织由教育部委托教育部职业技术教育中心研究所具体开展，所有有意申报培训评价组织的机构均向职业技术教育中心研究所统一申报并由其组织专家统一遴选。而在人社系统中，人社部负责征集面向全国开展职业技能等级认定的评价机构，各省级人社部门征集面向本辖区开展职业技能等级认定的评价机构，实行分级分区域管理的体制。这也是与教育系统工作方法的一大区别。

第二节　职业技能等级证书实施的突破方向

在目前的职业技能等级证书试点工作的探索中，无论是行政主管部门、培训评价组织、参与试点的院校，都已经积累了宝贵的经验，这为职业技能等级证书试点工作的持续性探索奠定了良好的基础。但我们同时也不得不承认，在这个过程中，仍然有诸多问题没有得到解决，甚至一定程度上阻碍了职业技能等级证书试点工作的推进。

一、与学分银行对接不充分

在首批颁发的建筑信息模型（BIM）职业技能等级证书中，有这样一句话："学习成果已经职业教育国家学分银行认定。"这句话初看之下，确实会引起人们的关注和兴奋。学习成果得到了职业教育国家学分银行的认定，这是不是一种认可呢？很显然，答案是肯定的。这种认定意味着这项职业技能的学习已经取得了成果，并且得到了主管部门和权威机构的认证，表示证书持有人已经达到了相应的水平。但如果我们进一步去思考这个问题，这个认定真的这么简单吗？可能答案就不会这么肯定了。"学习成果已经职业教育国家学分银行认定"，面对这样一句话，我们不得不提出这样几个疑问。

首先，这种认定仅仅是认定、认可、认证吗？这种认定有什么作用呢？如果在这项职业技能之下，学习者通过持续学习达到了职业技能等级要求的水平和标准并考核通过，确实意味着对技能水平的肯定。但这种肯定需要由职业教育国家学分银行来进行吗？国家学分银行如果在这个过程中，仅仅起到的是认定的作用，那和其他培训机构又有什么区别呢？

其次，在学分银行的概念之下，学习成果认定之后是要在学分银行中进行储存、积累并且实现未来转化的。得到一个职业技能等级证书，学习成果在学分银行中得到认定，这种认定以某种形式在学分银行中进行储存了吗？如果储存了，储存的内容是单纯的这个证书吗？如果没有储存，那这种认定在学分银行中又发挥了怎样的作用呢？

从目前各方公布的信息来看，这种学习结果名义上确实是在学分银行进行了储存的。但我们不得不追问依据，储存的形式是什么呢？是单纯储存了这个证书，还是为考取这个证书而学习的内容，抑或是学习者接受的继续教育时长？这些答案目前尚不甚明确。从理论角度来讲，学分银行认定和储存的应当是学分，学分的载体是海量的认证单元。职业技能等级证书的认定和储存应当是拆解为若干特定领域学分或认证单元进行储存的。但无论是职业技能等级证书本身还是国家学分银行，目前对这种学习成果的使用似乎仍然停留在证书本身，没有对其进行认证单元视角的拆解和储存。

最后，学习成果认定后在其他场合的转换尚不甚明确。我们需要看到的是，国家学分银行中已经公布了一批转换规则，目前已经有超过400家院校或培训评价组织公布了相关转换规则，但这种规则大多是模糊的且只针对本单位的。这种规则从目前的表述来看是无法形成不同机构和单位间迁移的。简单来说，学习者在某地区考取一个职业技能等级证书之后，如果想在另外一个地区转换为某些课程，是需要依赖这个地区的特定机构已经制订了转换规则的。这种机制可能带来如下问题，如果某所院校尚未进行转换规则的制订，则职业技能等级证书学习成果在这所学校是无法得到认可的。想要得到认可，必须所有院校对所有证书的转换都进行了制订，才能够实现证书和课程的有效流动和互换。而这是一项工作量大到几乎难以实现的工作，必须要通过某种媒介来进行简化。这也是认证单元在职业技能等级证书试点工作中起基础性作用的根本体现。

依托海量认证单元构建学历证书和职业技能等级证书之间的互换互通是一件复杂而繁重的工作，但不基于此的学分认定能起到的效果和作用将会始终受到限制。

二、证书过多对院校专业造成混淆

证书过多对院校及专业造成的困扰是目前职业技能等级证书试点工作中面临的另一大问题，并且这种问题同时体现在院校和培训评价组织两方。仍以建筑行业为例，截至目前，至少已经有建筑信息模型（BIM）、装配式建筑构件制作与安装、工程造价数字化应用三种职业技能等级证书与建筑类直接相关。BIM证书因是首批公布的六个证书之一，自然受到了各界的广泛关注。院校及专业在初期也针对 BIM 证书标准内容对相关培养方案进行了相当程度的调整和重组。但当装配式建筑构件制作与安装、工程造价数字化应用两个证书在不同批次再次来到院校及专业面前时，专业是否还需要如对接 BIM 证书时一样对培养方案进行大幅度调整，恐怕即便院校和专业有此心也实在无此力。虽然部分院校在制订职业技能等级证书和学历教育课程的转换规则时明确提出专业应聚焦 1～2 个职业技能等级证书，但在同一领域下，专业到底应该如何选择，仍然是很困难的事情。

相当数量的学校对培养方案的管理秉持"五年一大调、三年一小调、一年一微调"的基本频率，然而目前职业技能等级证书工作的快速推进，直接导致了在两年的时间里，陆续发布了 4 批累计超过 450 个职业技能等级证书。在某些特定领域，专业面临着 3 种甚至更多的职业技能等级证书。这些内容势必无法全部融入专业人才培养方案。这不但对专业日常工作造成了极大困扰，更是不符合培养方案应相对稳定的教育基本规律。在面对众多证书的情况下，专业又该如何选择和调整呢？

这种情况同样也发展在培训评价组织一端。培训评价组织承担着标准开发、师资培训、培养方案调整建议等重要职责。在其开发职业技能等级标准时，如何融入职业院校相关专业人才培养方案是其必须考虑和解决的问题。而如果没有专业的参与，或专业参与意愿不强，那前期耗费大量人力物力所开发出的标准就无法真正得以实现。究其原因，仍与专业选择有关。

随着职业技能等级证书数量的不断增多，院校专业面临的选择也更加丰富。这虽然为专业带来了更广阔的发展空间，但同时也对专业造成了一定程度的困扰。虽然职业技能等级证书设计了退出机制，实际效力和社会认可度较低的证书未来将退出职业技能等级证书序列，这一问题或许能够得到缓解，但就目前来看，这仍是困扰专业的一大难题。

三、证书效力尚有待验证

职业技能等级证书试点工作目前遇到的第三个问题便是职业技能等级证书的实际效力问题。在我国，职业资格证书制度已经运行多年，相关标准已日趋完善，众多行业也已经执行且适应了多年。而随着职业技能等级证书制度的横空出世，原有的职业资格证书体系受到了极大的影响。在目前的行政管理体制下，职业技能等级证书重点由教育部进行管理，而职业资格证书多由人社部进行管理。随着职业技能等级证书体系建设的推进，已有大量的职业资格证书分批次逐渐退出或取消。这实际上是统筹管理的进步表现。

但我们不得不追问的是，职业技能等级证书真的能够取代原有的职业资格证书吗？这不但是职业技能等级证书自身效力的问题，也是人力资源体系调整和适应的问题。职业资格证书多代表准入机制，有这个证书就有资格做这个工作。而职业技能等级证书代表水平机制，有这个证书代表这项技能达到了一定水平。但这种水平能够达到用人单位的基本要求吗？这需要时间来进行检验。

同时，如此数量的职业技能等级证书，可能在未来更多的情况下，对单体证书的效力也带来冲击。"选择困难症"不只出现在院校端，未来也可能出现在用人单位端。多数用人单位并非职业教育体系的持续参与者，这些单位对于职业技能等级证书的了解必然是不充分的。而当职业资格证书被职业技能等级证书替代之后，这些用人单位在不了解职业技能等级证书的情况下，短时间内无法仅通过证书名称和等级对持有者进行能力判断。此时如再有持有相似证书的情况，对用人单位的考验就更高了。用人单位如何确定是 A 证书更好还是 B 证书更适合,这需要时间的推移、经验的积累,并非一朝一夕能够解决。

职业技能等级证书制度建立了退出机制,理论上讲各个证书的实际效力未来会通过持有者的实际表现进行社会性判定,低质量证书会通过市场竞争机制自然或强制淘汰,但这种退出机制的实际运行效果,尚有待观察。

四、两大职能系统的对接

系统性推进职业技能等级证书制度的另一大难题是教育系统与人社系统的对接问题。长期以来,以教育部为核心和以人社部为核心的教育、人社两大管理系统各司其职,各自在其所负责领域实现我国社会发展事业的集中推进。各司其职带来的是界限明确、权责清晰,在特定的历史时期内对我国社会发展产生了积极的促进作用,使两大系统能够明确自身所开展业务内容,并且能够进行集中管理、重点推进,是我国社会发展能够取得重大成绩的原因之一。但这也带来了两大系统泾渭分明、难以融合和沟通的问题。

在以"职教 20 条"和"职教 22 条"为核心的新一轮职业教育改革中,所面对的主体是更广泛的职业教育系统,其中既包括了由教育系统负责主要管理的中等职业院校、高等职业院校和应用型本科院校等学校,也同时包括了企业职工学校、技工学校等由人社部主要负责管理的职业院校和培训机构。而在本轮改革中,二者需要同步推进、共同实现职业教育大发展的目的。这对两大体系的管理体制而言是个不小的挑战。同时,本轮职业教育改革的最终目的是要充分释放广大劳动人口的技能红利、实现我国人力资本的深度开发,最终实现建设技能型社会,培养更多高素质技术技能人才、能工巧匠、大国工匠,为全面建设社会主义现代化国家提供有力人才和技能支撑的目的。这也就意味着,无论是教育系统还是人社系统,在本轮职业教育改革中都不是单打独斗,而是要为服务最终目的的达成作出各自的贡献。

服务于同一根本目标，必然意味着在实现路径上要有所对接、有所融合，从而避免各说各话的局面和不必要的资源浪费。而长期以来管理体制和工作习惯的差异为两大系统在职业技能等级证书这一具体工作上的融合和协同推进带来了巨大的挑战。从目前教育系统和人社系统对职业技能等级证书推进的具体方法和形式上已经可见一斑。我国技能型社会的建设不是某一个职能部门的专职工作，而是一项需要调动全社会资源充分参与的系统性工程，需要有更广泛的社会主体、更广大的技能人员参与的综合性改革。这也就意味着，在未来，作为技能型社会建设的两大核心力量，教育系统和人社系统在具体工作中实现充分融合，也将是职业院校和社会机构需要共同探索的问题。

第三节　职业技能等级证书建设的深化举措

当我们梳理清楚了职业技能等级证书试点工作目前存在的一些问题和困境，则对于职业技能等级证书制度相关工作未来的发展方向也就能够描述出一个大致的方向和轮廓了。与学分银行进行更充分和深入的对接、与院校端进一步探讨专业与证书的对接关系、开发更有质量和公信力的职业技能等级证书是解决目前所遇困境的核心思路。

然而，这些措施说起来简单，但实际执行起来将面临着复杂的环境和困难。

一、与学分银行的对接

在职业技能等级证书开发和运行过程中，与职业教育学分银行的对接需要依托足够完善的底层基础设施。这种基础设施并非单纯指信息系统，信息系统只是学分银行运行过程中的一个重要工具。在学分银行中，最核心的底层应是认证单元的研制。当有足够多的认证单元的时候，职业技能等级证书能够依托认证单元进行最细粒度的拆解，彻底分解为相对应的内容和学分，学习成果储存也就自然而然地变成了储存认证单元和这些认证单元所对应的学分。职业院校在开发课程和制订转换规则时，也可以依托于认证单元的具体内容，进行组合或对应，以认证单元作为媒介实现课程和证书之间的互通互认。

实际上，作为学分银行落地运行的重要探索主体，国家开放大学已经对认证单元的研制作出了重要的探索和努力。根据国家开放大学官网信息，国家开放大学已组织相关机构和专家对 12 个行业中 20 个行业方向的 518 个认证单元进行了研制并向社会公布。这是在学分银行工作中的一个重大探索和进步。这意味着国家开放大学已经将学分银行相关工作触及到了最核心的内容并且取得了一定的成果。虽然国家开放大学所开发的学习成果框架、认证单元基于课题研究，目前并不是正式的国家资历框架和认证单元，但这也为其他地区、培训评价组织和学校，研制资历框架、职业技能等级证书和课证融通方案提供了重要参考和先行经验。

无论是培训评价组织还是试点院校，无论所面对的工作是职业技能等级标准开发还是课证融通方案的设计，其最终目的都是通过职业教育的改革引领来实现社会人力资源技能提升，并最终实现学习型社会。因此，职业技能等级证书工作最终是一定需要链接到资历框架和学分银行中的。而链接到资历框架和学分银行的关键环节，就是海量认证单元的研制。诚然，这并非一个一蹴而就的过程，需要多方协同、共同努力，并且需要有足够的耐心。但就目前而言，想要解决职业技能等级证书试点工作与学分银行关联程度不紧密的实际困境，认证单元的研制似乎是一个绕不开、躲不掉的问题。

二、与院校和专业的对接

认证单元的全面研制，不仅是建立职业技能等级证书和学分银行间的联系，更是职业技能等级证书和院校人才培养方案之间的纽带。基于认证单元的职业技能等级证书，可以分解为若干最小技能单元和对应学分在学分银行中进行储存，同样的逻辑在院校人才培养方案中也能够实现。如果职业院校（或社会培训机构）所制订的培养方案或培养计划能够同样基于认证单元来统筹设计，那么培养方案与职业技能等级证书就具有了天然的联系。职业院校如想引入一个新的职业技能等级证书，不必大动干戈地对培养方案进行重新论证、对证书标准进行细致拆解、对培养计划进行内容重构，只需要对组合成二者的能力单元列表进行比对即可。对于缺失部分，选择合适的方式和场景进行补充就能够基本实现二者的融通，具体的融通方案和转换规则也会更加明确和简单。院校专业同培训评价组织之间的联系，将不再单纯停留在一方组织活动、一方参与试点的状态，而建立起一种更加紧密的连接。即使专业面对数量较多的职业技能等级证书，在对培养方案调整时，所需重点完成的工作也只是对认证单元列表的完整梳理，在多个证书标准中寻找共有部分融入培养方案，选择缺失部分作为方向课或拓展课等进行补充，这样也就形成了"一次调整、多向适应"的局面。在这样的情况下，专业所面临的困难不再是拆解和融合职业技能等级标准本身，而是如何选择与自身关联程度最高且更具社会认可度的职业技能等级证书。职业技能等级证书与院校之间的关联更加紧密，似乎也可以通过认证单元的广泛研制和使用逐步实现。

三、证书公信力提升

在证书公信力提升方面，似乎无法仅通过认证单元的研制来解决，但认证单元的研制却能够解决其中的一部分。其原因在于，目前各培训评价组织所开发的职业技能等级证书，虽然有着明确的开发流程，并且在开发流程中需要培训评价组织本身和其所组织的专家团体进行充分论证，同时还要获得行业内龙头企业的推荐，确实已经具备较强的公信力，也能够在一定程度上代表行业内真实所需。但我们需要追问的是，这种公信力对社会大众而言足够吗？

目前参与证书开发的培训评价组织主要包括各行业龙头或优势公司以及部分行业组织，其公信力在行业内部是客观存在的，但在行业领域之外则略显不足。

同时每一个证书在开发过程中都几乎从零开始,没有一个普遍的、具有共性的基础供参考。这也就造成了证书开发过程的割裂性。加之我国幅员辽阔,同一行业在不同地区面对着巨大的产业环境差异,受到机构局限性的影响,这将导致在某地区开发的职业技能等级标准未必能够适应其他地区的实际需要,其他地区使用者需要经过重新论证方可确定。

认证单元的开发需要基于行业内最小技能单元,是具有社会基础性和广泛性的基本认知,因而具有更为广泛的社会共识。因此,证书开发如能基于认证单元来进行内容选择和确定,将协同不同地区的认知差异,实现地区与地区间、行业与社会大众间的认识拉齐。这也就将一定程度上促进同行业内其他地区、非行业内人员对这一证书的认识。

当然,提升证书公信力,仅通过基于认证单元来开发是不够的。证书公信力的构成是一个复杂的结构,它同时在很大程度上也依赖于其开发组织的公信力。目前参与职业技能等级标准开发的培训评价组织,多是在业内具有一定影响力的行业组织或优势公司。开发过程虽然有行业其他组织或公司的论证意见,但主体工作仍集中在开发机构内部,外界参与较少,论证意见存在一定程度的"走过场"的"面子工程"嫌疑。如果开发过程不能够纳入更多更具权威性和公信力的组织或企业,证书的公信力天然地就将受到影响。因此,在未来的职业技能等级证书试点工作推进过程中,需要更加严格的审核机制,同时鼓励更多龙头企业参与其中。通过多组织参与、龙头组织引领等形式,使证书自身更具行业应用广泛性和权威性,这将是提升职业技能等级证书公信力和含金量的必由之路。

与此同时,行政管理体制也需要进行相应的调整和变革。在过去的体系中,职业资格证书影响根深蒂固,也被社会广泛接受。而在职业技能等级证书制度之下,原有的行政管理体制将受到挑战,以人社部和教育部两大部门为核心的行政管理需要进行高度协同,促进原有体系平稳向新体系转型,这也将进一步提升职业技能等级证书的规范性。

四、对接先进的产业标准

随着"职教 22 条"的发布，职业技能等级证书制度再一次得到了社会各界特别是职业院校的广泛关注与重点思考。而在"职教 22 条"中，特别提出了要对职业技能等级证书制度进行"完善认证管理办法，加强事中事后监管"的深度管理。同时，要"及时更新教学标准，将新技术、新工艺、新规范、典型生产案例及时纳入教学内容""把职业技能等级证书所体现的先进标准融入人才培养方案"。这也成为了职业技能等级证书制度未来发展的核心方向。职业技能等级标准证书内容入课在"职教 20 条"和在院校中开展职业技能等级制度试点通知中均有明确提及，但在"职教 22 条"中又重点强调了要对职业技能等级证书所体现的"先进标准"进行重点建设和融入。这不但是对职业院校人才培养方案建设的具体要求，更是"职教 22 条"核心思想的集中体现，即一切先进标准都应与职业教育相对接、一切先进工艺都应在职业教育体系中得到体现和培养。

受到教育事业自身规律和人才培养客观周期等因素的影响，教育事业发展相较产业技术进步而言往往具有一定的滞后性。但在职业教育领域，所重点强调的就是学习者能够尽早、充分地对接产业最新需要，实现对产业发展的人才、技术、工艺等方面的充分支撑。这也就要求职业教育领域必须时刻绷紧关注产业发展最新动态的神经，对新技术、新工艺、新规范等产业发展前沿信息具有高度的敏感性，方能够适应和实现职业教育与产业发展的同频共振，实现职业教育对产业发展的高度支撑。因而，与先进标准的充分对接、将先进标准改造为符合教育一般规律的人才培养内容，就成为了职业教育界必须破解的难题，这也是在本轮职业教育改革中，院校端需要重点推进的工作。

一切先进标准都应与职业教育相对接是"职教 22 条"所倡导的核心思想

第八章 职业技能等级证书制度的实施路径与经验

之一。在职业院校端如何进行深度贯彻与落实,这是职业院校在本轮职业教育改革中必须面对的问题和破除的壁垒,也将是职业技能等级证书制度这一连接产业最前沿需求和职业院校人才培养的重要纽带未来的发展方向和重要的深化举措。

第九章

职业技能等级证书的典型领域与案例

第九章 职业技能等级证书的典型领域与案例

第一节 农业类资历框架的构成

为深层次实践职业技能等级证书的核心要义，建立包含职业院校一般学历教育、面向学生及社会人员的技能培训、与学分银行实现底层对接、职业资历的统一界定标准的完整链条，北京农业职业学院依托"双高计划"建设，对农业类资历框架进行了积极探索，并形成了一定的成果。依托学校"双高计划"园艺专业群建设，以园艺行业方向为切入角度，参考国家开放大学学习成果框架和学分银行建设的有关先期成果，设计了农业类园艺行业方向资历框架标准体系。

该标准体系参考国家标准制订的有关规则，共分为七个部分。其中前五个部分主要为园艺行业方向资历框架的背景信息及相关概念，包括资历框架适用范围、资历框架制订所依据规范性文件、资历框架标准中相关术语和定义、资历框架等级标准的制订基础、资历框架内容范畴的行业基础。

在所设计的园艺行业方向资历框架体系中，最为核心的是第六部分行业资历框架等级描述和第七部分园艺行业职能范畴及主要能力单元描述。在这两个部分中，资历框架对各等级对应的具体标准（包括知识要求、技能要求和能力要求）以及园艺行业从业中的主要职责和各职责下的主要工作任务进行了详细描述，并分解构建了各主要工作任务之下不同等级对应的能力单元，从而使整个资历框架形成了一个较为完整的体系。

农业类资历框架（园艺行业方向）等级标准参考国家开放大学学习成果框架标准，并对其进行了一定程度的针对性调整。考虑到园艺学作为一个独立学科，理论知识和技术技能的培养拥有较为完整的体系且需具备一定的周期，而从事园艺行业具体工作又需具备一定程度的专业技能水平，因此，在进行等级设定时，园艺行业方向资历框架以国家开放大学学习成果框架的第 4 级水平（对应中等职业学校毕业层次）开始，直至学习成果框架的第 10 级为止，共分为 7 个不同等级，分别对应中等职业学校毕业、高职二年级、高职三年制、本科学历（无学士学位）、本科学历（有学士学位）、硕士研究生、博士研究生学历层次。

除等级标准外，对于园艺行业主要职责和工作任务的分解也是资历框架的重要组成部分，这是进一步细化分解能力单元的前提基础。因此，园艺行业资历框架对行业主要职责和工作任务也进行了具体分析和拆解，共分为 8 项主要职责、22 种主要工作任务。具体内容如下表所示。

主要职责	主要工作任务
种苗生产	常规种苗生产
	工厂化种苗生产
花卉生产与应用	花卉生产
	花卉应用
蔬菜生产	露地蔬菜生产
	设施蔬菜生产
果品生产	露地果品生产
	设施果品生产
园艺产品流通	园艺产品分级包装
	园艺产品储藏保鲜
	园艺产品物流
	园艺产品营销
园艺项目管理	园艺项目的策划
	园艺项目的评估
	园艺项目的运维
	园艺项目的绩效评价
园艺产业风险评估与管控	生产安全风险评估与管控
	市场变化风险评估与管控
	生产管理过程风险评估与管控
	不可抗力风险评估与管控
病虫害防治	虫害识别与防控
	病害诊断与防控

园艺行业资历框架等级标准描述及主要工作任务分解是资历框架中最重要的组成部分。这两部分直接界定了园艺行业的职责范畴和所要求水平，理论上讲这是园艺行业各类培训课程、证书、资格等内容的根本性参考，在行业从业资质中处于引领性位置。

而资历框架等级标准的落地应用和园艺行业职责及工作任务的更细一级具体描述，则需要依靠大量的认证单元予以落实。在园艺行业资历框架研制过程中，北京农业职业学院团队亦根据等级标准描述和主要工作任务分解研制了百余个认证单元。但由于认证单元体量较大，且暂未与学分银行实现对接，仍处于内部研制阶段，因此在本书中不进行详细展示。

农业类资历框架（园艺行业方向）的研制，对资历框架在具体行业的应用落地起到了积极的探索作用，同时也对职业院校中园艺相关专业的课程设计和职业技能等级证书的开发起到了重要的参考作用。

第二节　农业类课程及资历学分开发

在农业类资历框架（园艺行业方向）等级标准和工作职责及工作任务的指导下，北京农业职业学院团队对各工作任务进行了更为细致的分解，将其细化为了百余个认证单元（能力单元）。在每一项工作任务之下，由于其对应的具体职能不同、各职能所要求从业人员掌握的水平不同、同一职能在不同层次上有不同水平表现等原因，因此能力单元的设计需要细致梳理每一项职能具体要做什么、要做到什么程度，即分级、分类设计。

能力单元的具体设计遵循了以下流程。

1. 组建能力单元研制团队

在本环节中，北京农业职业学院组建了专门的能力单元研制团队。团队成员以北京农业职业学院园艺系教师为基础，同时邀请了行业专家、企业专家和高等教育专家等人员，共同组成了园艺行业资历框架能力单元研制小组。

2．制作能力单元

研制小组组建完成后，首先对行业、职业及岗位进行大量深入调研，进一步讨论和确定了前期所制订的资历框架等级标准和工作职责及主要工作任务的科学性和合理性，并对每项工作任务下的应设能力单元进行了初步设计。研制小组本着以职业为导向，能力为本，并代表行业最新发展方向的原则，同时遵循教育教学规律，以及将职业能力需求转换为教育教学目标的原则，对各项工作任务下的具体能力单元进行了实际研制。研制重点集中在每个能力单元的名称、应用范围、对应资历框架等级、对应学分、学习结果和评价标准。其中应用范围主要反映该能力单元的具体应用领域，对应资历框架等级主要反映单元所对应的层次和水平，对应学分主要反映完成能力单元的学习所需的最少课时量，学习结果主要反映掌握能力单元后所具备的知识能力，评价标准主要反映判定是否掌握能力单元的基本依据。由于目前暂未与国家学分银行实现对接，因而暂未对能力单元编码、发布日期、终止日期等内容进行进一步编制。

3．能力单元集中研讨

在完成能力单元研制初稿后，研制小组汇总了所有研制结果，组织了专门的研讨会，邀请行业学会、园艺行业龙头企业、农业行业龙头企业、兄弟院校园艺专业相关专家，对所研制的能力单元初稿进行了集中二次审定，并根据研讨结果进行了修改和调整。

调整完成后，汇总至园艺行业资历框架中，形成完整的农业类资历框架（园艺行业方向）等级及标准。

在目前的设计框架之下，每一项工作任务都有具体的、对应不同等级的能力单元作为具体支撑。这些能力单元可作为社会培训机构、企业培训、职业院校课程体系设计和课程内容设计等方面的参考。在进行课程设计时，可以根据课程的具体目标确定课程内容，并根据课程学时及学分、课程内容，选择适当的能力单元作为课程内容基本结构，根据选择的能力单元评价标准进行课程评价设计，从而降低园艺专业领域相关课程的设计难度，达到课程设计简便化、模块化效果。

参 考 文 献

[1] 刘蔚. 战略选择与路径优化:"再工业化"背景下美国职业教育发展的新趋势及启示[J]. 温州职业技术学院学报, 2018.

[2] 祁占勇, 王羽菲. 美国职业教育运行框架与内生诉求——《加强21世纪生涯与技术教育法案》透视[J]. 比较教育研究, 2021.

[3] 鄂甜. 德国职业教育附加职业资格的内涵、功能及对我国1+X制度的启示[J]. 职业技术教育, 2019.

[4] 李军. 职业教育"模块化"改革国际经验检视:以德国和苏格兰为例[J]. 职业技术教育, 2019.

[5] 张力. 重新思考职业教育定位[N]. 光明日报, 2016, 03(10): 15.

[6] 曾文婕, 漆晴, 宁欢. "基本形成学习型社会"还有多远——基于我国学习型社会研究[J]. 现代远程教育研究, 2019.

[7] 厉以贤. 学习社会的理念和建设[J]. 高等教育研究, 2000, 21(5): 21-25.

[8] 杨晨, 李娟, 顾凤佳. 我国"学习社会"研究述评(2008—2011)[J]. 教育发展研究, 2011(23): 35-41.

[9] 石伟平. 发展高质量职业教育建设技能型社会[J]. 职教通讯, 2021(5): 1-2.

[10] 董刚. 在"惑"与"不惑"间探索具有中国特色现代职业教育发展之路[J]. 中国高教研究, 2018, 8: 30-35, 108.

[11] 渠敬东. 项目制一种新的国家治理体系[J]. 中国社会科学, 2012, 5: 113-130.

[12] 何东昌. 中华人民共和国重要教育文献(2003—2008)[M]. 海口: 海南出版社, 2010.

[13] 薛栋. 何为高水平:关于我国高等职业学校"双高计划"建设的思考——基于美国卓越社区学院的经验[J]. 职业技术教育, 2019(31): 12-17.

[14] 陈友力, 陈菲菲. 我国高等职业教育项目制的历史变迁、制度逻辑与动力分析——基于历史制度主义的视角[J]. 黑龙江高教研究. 2021(1): 101-108.

[15] 晋浩天. "双高计划"的现在与未来——专访"双高计划"建设咨询委员会主任委员黄达人[N]. 光明日报, 2019-10-26(4).

[16] 赵雨红. "项目制资金引导下的'双高'职业院校建设:问题与挑战"分论坛综述[OL]. 北京大学中国教育财政科学研究所, 2020.

[17] 童卫军, 郭庆志, 孟繁增, 等. 国家示范性高等职业院校建设计划骨干高职院校建设项目绩效评价报告[M]. 北京: 机械工业出版社, 2017.

[18] 关晶, 石伟平. 西方现代学徒制的特征及启示[J]. 职业技术教育, 2011(31): 77-83.

[19] 赵志群. 职业教育的工学结合与现代学徒制[J]. 职教论坛, 2009(36): 1.

[20] 徐国庆. 我国职业教育现代学徒制构建中的关键问题[J]. 华东师范大学学报(教育科学版), 2017(1): 30-38, 117.

[21] 杨延, 王岚. 中国职教"走出去"项目"鲁班工坊"国际化品牌建设研究[J]. 中国职业技术教育, 2021(12): 124-127, 136.

[22] 吕景泉, 等. "鲁班工坊"——职业教育国际化发展的新支点[J]. 中国职业技术教育, 2017(1): 47-50.

[23] 刘育锋. 论以职业资格证书为导向的职教课程改革[J]. 职教论坛, 2003(22): 4-7.

[24] 周大农, 戚亚光. 高职人才培养主导模式:双证融通产学合作[J]. 职业探索与研究, 2006(2): 14-17.

[25] 柏景岚. 高职院校推行"双证融通"制度的思考[J]. 现代企业教育, 2008: 9-10.

[26] 潘家俊. 上海实施"双证融通"制度的回顾与思考[J]. 上海职业教育, 2019.

[27] 柏晶. "双证融通":职业教育发展的助推力[J]. 湖北成人教育学院学报, 2015, 3.

[28] 陈子季. 优化类型定位 加快构建高质量职业教育体系[J]. 中国职业技术教育, 2021, 12.

[29] 阮莲菊. 深入推进高职"双证融通"的问题与对策研究[J]. 厦门教育学院学报, 2010, 11.

[30] 陈韬. 在"融合"中完成优质"对接"上海市中职教育开展"双证融通"专业改革试点[J]. 上海教育, 2013(16): 44-47.

[31] 林德芳. "融在实施"推进"双证融通"改革的关键[J]. 上海教育, 2016(21): 25-25.

[32] 周晶. 深圳职业技术学院"课证共生共长"人才培养模式[J]. 职业技术教育, 2019(002): 1.

[33] 李玉兰. 职业教育的"深圳模式"什么样[N]. 光明日报, 2021-04-15.

[34] 林禄苑, 谭坤元, 李校原. "课赛证融通、工学结合"教学模式改革与实践——以广东工商职业学院电子商务专业为例[J]. 现代商贸工业, 2018(33): 156-157.

[35] 朱光福, 宋伦斌. "政企校三方联动, 学训赛深度融合"人才培养模式探析——以重庆城市管理职业学院为例[J]. 商情, 2013(51): 176-177.

[36] 佚名"双证融通":如何实现真正"融通"[N]. 中国教育报, 2007-09-27(3).

[37] 杨劲松. "双证融通, 产学合作"人才培养模式的探索与实践[J]. 教育与职业, 2010(33): 26-27.

[38] 王洪军. 高职院校实施"双证书"制度的现状、不足与改进[J]. 烟台职业学院学报, 2007(2): 13-15.

[39] 张启明. 职业教育提质培优的政策逻辑与内涵解——《职业教育提质培优行动计划(2020—2023 年)》解读[J]. 江苏教育, 2021(46): 18-21.